二战经典战役纪实

血战阿登

THE BLOODY BATTLE OF ARDENNES

二战经典战役编委会·编译

中国铁道出版社有限公司
CHINA RAILWAY PUBLISHING HOUSE CO., LTD.

前 言 | 血战阿登

The Bloody Battle of Ardennes

　　1944 年的冬天似乎特别寒冷，许多盟军士兵的手脚都被冻伤了，特别是来自加利福尼亚和美国南部一些州的士兵，冻伤情况尤其厉害。雪花落在这些年轻士兵的脸庞上，冻得他们直想哭。盟军士兵们就这样在风雪中企盼着圣诞节的到来，盼望着假期、礼物以及好天气。盟军第 3 集团军司令乔治·史密斯·巴顿将军此时一边诅咒着鬼天气，一边让牧师写祷文。他需要好天气，在这种天气里空军无法出动，巴顿的装甲部队在缺乏空中掩护的情况下推进缓慢。

　　与巴顿的焦急相反，第三帝国元首希特勒和德国 B 集团军群司令官莫德尔元帅正为这样恶劣的天气拍手叫好。对他们来说，这绝对是个千载难逢的好机会。这一年，由于盟军对德国展开全面反攻，德军战线拉长，兵力不足，尚需重新调整部署。希特勒决定抓住这个机会，孤注一掷地向盟军最薄弱的阵线——阿登地区展开最后反击。他冥思苦想，费尽心机，最后终于制订出一个大胆的作战计划：集中优势兵力，出其不意发动反攻，突破盟军的防线，直捣马斯河；再分兵两路，直插安特卫普和布鲁塞尔，夺取艾森豪威尔的主要供应基地，将欧洲战场上的盟军切成两半，消灭美第 1、9集团军，英第 2 集团军和加拿大第 1 集团军。他企图用这个办法一举夺回战略主动权，彻底解除德国西部边境的威胁。

　　12 月 15 日晚，天特别黑，浓雾笼罩阿登森林地区，大雪覆盖着群山。在接连几天的恶劣气候掩护下，28 个师的德军悄悄进入了进攻阵地。美军第 1 集团军的两个军防守着阿登战线，他们共有 6 个师（仅有一个坦克师）约 8 万人。正在酣睡中的美军官兵做梦也没有想到，德军的绝对优势兵力正虎视眈眈地待命出击。就是在盟军最高统帅部中，也没有任何人想到，穷途末路的德军竟会突然发起凶狠的反扑。

　　12 月 16 日晨，当表针指向 5 时 30 分时，密集的德军大炮突然喷出凶恶的火舌，几乎所有的美军阵地都遭到了猛烈轰击。惊恐的美军官兵慌乱地钻出睡袋，爬进掩

体。电话线早被炸断，美军待在掩体里，根本不知道是怎么一回事。炮击刚一停止，数百架德军探照灯"唰"地放光，美军还没反应过来，德军的坦克履带已经碾碎了残存的美军工事。阿登前线的美军被打得措手不及，几乎全线崩溃。

在中线进攻的德军进展神速。因为在这里防守的是正在休整补充的美军和从美国国内刚调来的新兵。12 月 17 日晚，美军第 106 师约 7,000 人被德军包围，最后被迫全体投降。这是美军在欧洲战场上一次最惨痛的失败。

在南线，德军成功地建立起了一道壁垒，保护着中线德军的进攻。还在战斗刚打响之时，希特勒就命令党卫军分子奥托·斯科尔兹内指挥一个有 2,000 人的会讲英语的德军特种旅，身穿美军制服，乘坐缴获的美军坦克和吉普车，伪装成美军潜入盟军后方。他们切断交通线，杀死盟军传令兵，在交通要冲胡乱指挥美军运输；他们还散布美军司令艾森豪威尔已遭暗杀，德军已获大胜的谣言；一些小股部队越过前线，控制了马斯河上的桥梁，使德军装甲部队主力顺利通过。由于这些特种兵的破坏，美军前线情报乱成一团。到 12 月 18 日晚，盟军最高统帅部才搞清敌情，确定这是德军的一次大规模反攻。

到这时为止，在阿登战役中，德军占尽了主动，盟军付出了惨重代价。但当盟军稳住阵脚，组织力量反攻时，希特勒犯了一个致命的错误，把初步取得的战果化为泡影。当时面对强大的盟军，德军只有迅速撤退才能免遭围歼。但希特勒听不进任何有关撤退的建议，继续下令向前推进，直到 1945 年 1 月德军付出高昂的代价后，希特勒才不得不下令撤退。

希特勒为什么要在阿登地区孤注一掷？盟军是怎样转败为胜的？这场战役给后人留下了什么样的启示？此役对二战的结束及战后的世界格局产生了怎样的影响？本书将一一为你揭秘。

战役备忘 | 血战阿登
The Bloody Battle of Ardennes

艾森豪威尔 | Dwight Eisenhower

在阿登地区只部署四个师，以及冒德军在这个地区进行大规模突击的风险，其责任在我。

丘吉尔 | Winston Churchill

毫无疑问，这是美国人在战争中最伟大的一役，并且我相信，这将被认为是美国人永垂不朽的胜利。

巴顿 | George Smith Patton

这次战役期间，第3集团军比美国历史上，或许是世界历史上的任何集团军都前进得更远，速度更快，并在较短的时间内投入了更多的兵力。只有如此出类拔萃的美国军官、士兵和装备才可能取得这样的战绩。没有一个国家能与这样的军队相抗衡。

希特勒 | Adolf Hitler

（盟军）不会料到我们会发起突袭。因此，充分利用敌人毫无防备的因素，在敌机不能起飞的气候下发起突然袭击，我们就能指望取得迅速突破。

★ 战争结果

　　此次作战，德军伤亡81,834人，损失战车324辆、飞机320架。盟军伤亡76,890人，损失战车733辆、飞机592架。德军损失虽与盟军相当，但是盟军能轻易地补充他们的损失，而德军不能，而且德军已投入了他们最后的精锐部队，此后，德军在西线再也无力阻挡盟军的进攻了。

★ 战役之最

　　a.阿登战役是第二次世界大战期间纳粹德国西线规模最大的一次阵地反击战。b.美军第106师的两个团7,000多人被德军包围后投降，成为美军在欧洲战场上遭到的最严重失败。c.阿登反击战是美军在"二战"中参加的最大规模地面战斗。

★ 作战时间
1944 年 12 月 16 日—1945 年 1 月 25 日。

★ 作战地点
阿登地区、比利时、卢森堡和德国。

★ 作战国家

★ 作战将领

艾森豪威尔 | Dwight Eisenhower

美国陆军五星上将。第二次世界大战爆发后，历任副团长、师参谋长、军参谋长、集团军参谋长。1941年晋升为准将。1942 年 6 月任欧洲战区美军司令。同年 11 月作为北非远征军司令，指挥实施北非登陆战役。1943 年 2 月任地中海战区盟军司令。1943 年 12 月任盟军远征军最高统帅。1944 年任诺曼底登陆战役最高指挥官，同年 12 月晋升为陆军五星上将。

盟 军

美第 12 集团军群和英第 21 集团军群，初始参战人数 83,000人，242 辆"谢尔曼"坦克，182辆反坦克车，394 门各式火炮。

伦德施泰特 | Gerd von Rundstedt

德国陆军元帅。1907 年毕业于军事学院。第一次世界大战时任军参谋长，1928 年至 1932 年，先后任步兵师师长、军区司令、集团军级集群司令。1938 年退役。1939 年 8 月应召再次服役，任南方集团军群司令。在1940 年 10 月任西线总司令。1941 年6 ～ 11 月率部参加苏德战争。1942 年至 1945 年任西线德军司令。1945 年3 月退役，后被英国囚禁至 1949 年。1953 年死于汉诺威。

德 国

B 集团军群，初始参战人数200,000 人，5 个装甲师，13 个步兵师，约 500 辆中型坦克，1,900门各式火炮和火箭炮支援。

★ 战争意义

阿登战役是第二次世界大战期间纳粹德国 1944 年西线最大的阵地反击战。德军的这次反攻虽使美军遭受重大损失，但严重削弱了它在西线的防御力量和东线的机动兵力。阿登战役之后，希特勒再无后备力量可以补充，德军在西线再也无力阻挡盟军的前进了。所以阿登战役当之无愧地被后人称为历史的转折，并加速了德国的失败。

作战示意图 血战阿登
The Bloody Battle of Ardennes

★ 1944 年 12 月 16 日至 1945 年 1 月 25 日，阿登战役示意图。

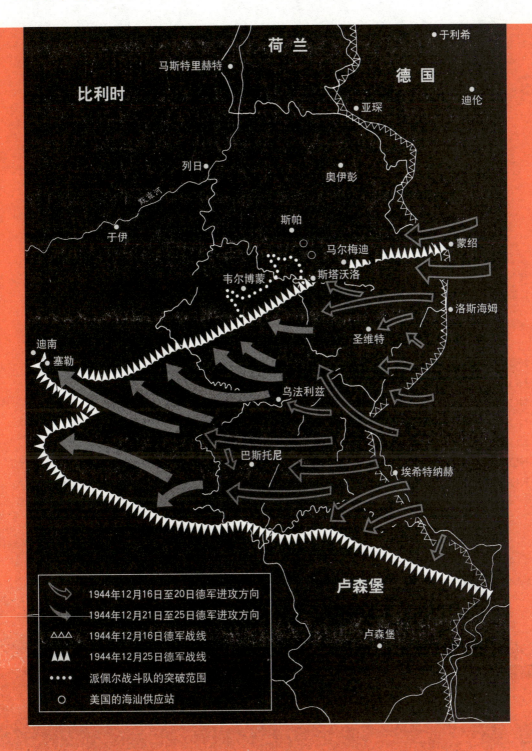

目 录 | 血战阿登
The Bloody Battle of Ardennes

第一章 守望莱茵

　　"我们现在面对的联盟是历史上绝无仅有的一个联盟，鱼龙混杂，各怀鬼胎。我们的敌人实际上是这个星球上两个最为极端的事物：一边是极端帝国主义国家，另一边是极端马克思主义国家；一边是日益衰落的大英帝国，另一边是希望取代英国的美国。直到今天，这些国家在未来的奋斗目标方面仍然矛盾重重……"

第二章 骄兵必败

　　经过两个半月的激烈战斗，欧洲战争的结束之日近在咫尺。德军在西线战场被打得落花流水，仓皇而逃，巴黎重新回到了法国人民的怀抱。随后，盟军一鼓作气向第三帝国的边境开进。

第三章 绝版闪击战

　　"西线战场的勇士们：属于你们的时刻到来了！就在今天，我们强大的部队已经向英美联军开战了！我不需要对你们说得太多，你们自己完全可以感觉到这一切。请记住我的话：不成功，便成仁！勇敢地承担起你们神圣的责任，为了我们神圣的祖国和伟大的元首，努力去实现你们的英雄之梦吧！"

第四章 特种作战

"在11月，我们进行了紧张的训练，整天需要面对美军的军装、美元、英镑以及各种新的身份证件。我们上交了所有关于个人真实身份的物品，这些物品被送到后方保存。"

第五章 死守圣维特

"我不得不遗憾地说，我们进攻中的许多行动都是没有经过精心计划和组织的，在12月16日之前，我们对于此次战役的展望过于乐观了。在行动开始后，我们遇到了许多麻烦和意想不到的问题，太令人失望了。"

第六章 血战

凌晨5时30分，整个进攻前沿都接到了简短的开战命令。"我们连开始向西依次排开。由于过于激动，我们不停地打颤。"手表早就对过时间了……20秒……10秒……5……4……3……2……1……随着一声"开火"的命令，数千门火炮、榴弹炮和火箭炮几乎同时开火，一道道火光喷射而出，一排排炸弹倾泻而下。火光照亮了伞兵部队东边的天空，漆黑的夜晚顿时白炽如昼……凌晨6时，所有的噪音戛然而止！随后传来了"冲锋"的命令！

第七章 围困

"在当时，如果我们的军队没有顽强的毅力和坚定的决心，将很难把占据优势地位的德军击退，那么这段历史可能就被彻底改写了。"

第八章 巴顿

美军官兵是一群非常勇敢的战斗员，他们在战争中表现出来的顽强精神表明，他们不愧为世界上第一流的军队。正是由于他们的存在，伦德施泰特才一筹莫展。

第九章 决战

"如果我们能够再多出10个装备精良的师，就有可能将盟军打败在默兹河。但是，至于怎样守住如此漫长的突出部防线，我们当时还不是很清楚，所以我们的战略形势可能会更糟糕，而不是更好。"

▲ 英军坦克驶过塞纳河，向比利时挺进。

第一章

守望莱茵

我们现在面对的联盟是历史上绝无仅有的一个联盟，鱼龙混杂、各怀鬼胎。我们的敌人实际上是这个星球上两个最为极端的事物：一边是极端帝国主义国家，另一边是极端马克思主义国家；一边是日益衰落的大英帝国，另一边是希望取代英国的美国。直到今天，这些国家在未来的奋斗目标方面仍然矛盾重重……只要我们稍微加强一下攻势，这个貌似强大的统一战线就会土崩瓦解。

——希特勒 1944 年 12 月 12 日在高级军官会议上的讲话

No.1 欧洲战局变化

1944 年的第三帝国已日薄西山。西线的盟军正在逼近德国本土，东线的苏军也在 1944 年 6 月 22 日（3 年前"巴巴罗撒"计划开始实施的日子），用 4 个方面军，在 1,000 多公里的战线上对德军实施全面反攻。到了 12 月份，历经半年东西夹击的德军就要顶不住了。此时的东普鲁士也岌岌可危，因此从波兰撤退的德军也不能被抽调到西线而只能增援。希特勒决定集中兵力在西线发动一次使盟军猝不及防的攻势，夺回主动权。为此，从 9 月底，希特勒和他的最高统帅部十分秘密地着手制订西线最大的阵地反击战计划——"阿登反击战"。战役代号为"莱茵河卫兵"。

截至 1944 年，第二次世界大战已经持续了 5 年之久。在欧洲，以美、苏、英三国为主导的反法西斯联盟从早期的失败中恢复过来，向貌似不可战胜的纳粹德军发起了反攻，迫使其全线败退。在东线战场，1943 年圣诞节前夕，苏军在乌克兰发起了冬季攻势，给德军造成了灭顶之灾。1944 年 2 月中旬，科尔逊－舍甫琴科夫斯基之战也以德军的失败告终，不断回撤之中的德军遭受了致命打击，数千人在惊慌失措中试图渡过格尼罗伊－蒂基斯克河时溺水身亡。与此同时，德国第 6 集团军在尼科波尔突出部地区损失惨重。一度所向披靡的德军失去了令人羡慕的进攻锐势，顷刻之间就遭受了两次重创。

尽管如此，斯大林仍然担心，如果盟军不在欧洲开辟第二战场，德军将在 1944 年夏季发起新的攻势。

与此同时，随着苏军攻势的逐渐减弱，德军统帅部的乐观情绪开始上涨。虽然德军士气明显高涨，但他们并不认为优势在向自己倾斜。他们意识到盟军有可能在欧洲发起进攻，因此制订了相应的作战计划来消除这种威胁，最终出台了让自己颇为满意的"坚守东线、御英美联军于英吉利海峡"的作战方案。目的是集中优势兵力突破盟军防线，强渡马斯河，尔后直插布鲁塞尔和安特卫普，分割并歼灭荷兰和比利时境内的盟军，挫败美英队，从而扭转西线不利局势使之有利于德国，以便抽出兵力去同苏联作战。德军计划在蒙绍、埃希特纳赫地段上突破盟军防线，在列日和那慕尔地域强渡马斯河，在战役第七天前出到安特卫普，分割并歼灭比利时和荷兰境内的盟军（加拿大第 1 集团军、英军第 2 集团军、美军第 9 和第 1 集团军）。这个计划并非突发奇想，因为自 1942 年 3 月开始，德军就开始加强法国海岸的防御战备工作。

在 1944 年 8 月底突破诺曼底和登陆法国南部后，盟军向德国的推进快于预期。"大君主作战"计划原来准备 90 天内攻至塞纳河，120 天内攻至德国边境。随着战线越拉越长，盟军的后勤补给出现了大量问题，除了诺曼底的桑椹临时港外，盟军手上唯一的深水港是靠近初始登陆点的瑟堡。盟军虽然在9月1日完整夺取了安特卫普港，但在11月28日以前这个港口未能运作，因为出海口斯海尔德河附近的德军未被清除，清除行动的延滞是因为所需的作战资源被优先分配到"市场花园行动"（盟军在荷兰的进攻，史称"最潮湿的战役"）。德国一直到1945年5月仍控有多个海峡主要港口，而盟军在1944年取得的港口皆已被破坏，使盟军无法立即使用。盟军对法国铁路系统的大量轰炸，原来是为了阻止德军运动，这时开始显示出对己方不利的一面，因为要花时间修复轨道和桥梁。为了运输和补充前线部队，盟军设立了一个称为"红色快递"的卡车货运系统，但是"红色快递"每运送1加仑的油料到靠近比利时的前线，就得消耗5加仑的油料进行运输。因此至10月初时盟军被迫暂停大型攻势来积存物资。

奥马尔·布莱德雷、乔治·巴顿和伯纳德·蒙哥马利皆希望优先补给自己的部队，以期在解决补给状况的同时能继续前进并持续给德军压力。不过德怀特·艾森豪威尔将军偏向宽线战略，优先补给给伯纳德·蒙哥马利的北部作战军团，因为他们短期目标是占领迫切需要

▼ 巴顿（左）同布莱德雷（中）和蒙哥马利的合影。

的安特卫普港口，长期目标是占领德国工业的核心地带鲁尔地区，削弱德国人的军工生产能力。在盟军因缺乏补给暂停攻势时，格特·冯·伦德施泰特得以将散乱的德军重整成半凝聚的防卫军。

蒙哥马利元帅的"市场花园行动"，原计划9月份横越莱茵河和绕过齐格菲防线，但未能成功，这使盟军的进攻进展缓慢。

10月，加拿大第1军开始斯海尔德战役，攻下瓦尔赫伦岛和清理西斯海尔德后，11月28日安特卫普港终于开放船运，至月底补给状况开始舒缓，盟军占领南方大港马赛也对改善补给状况有所帮助。

尽管斯海尔德战役后前线战事暂时停顿，德国形势仍然危急。虽然秋季时仍有军事行动，如亚琛战役和许特根森林战役等，不过欧洲西部的战略形势大致维持不变。在东欧，巴格拉季昂行动消灭了大半德国中央集团军，苏联红军一直推进到超越补给范围才停止。11月，苏联显然准备进行冬季攻势。

▼1944年9月，蒙哥马利随英军部队渡过塞纳河。

同时，盟军空军自1944年初就有效压制德国空军，使他们一下子就失去了战场情报能力，无法截断盟军补给。相反的，德军白天的任何移动几乎都立刻会被发现。盟军截断供给和轰炸罗马尼亚油田使德国极度缺乏柴油和汽油。

德国部队在1944年11月的唯一优势是他们终于不再防守整个西欧，西方战线缩短颇多且更靠近德国心脏地带，即使仍在盟军制空权控制下，还是明显改善了他们的补给问题。除此以外，分布广泛的有线电话电报通讯网的广泛启用，使得德军不再依赖无线电通讯，这剥夺了盟军最强的武器——无线电截听。

No.2　防御东普鲁士

希特勒相信他的军队仍可长期防卫德国，只要能在短期内削弱西线的敌军，希特勒更进一步相信他可以分裂盟军，使英国和美国不理会苏联而独自与德国缔结和平条约，若成功德国将可有足够时间设计和生产更先进的武器（如喷气飞机和超级重型坦克），并允许军力集中到东部。对于这个判断一般认为不切实际，因为盟军拥有整个欧洲的空中优势和有效干预德军攻击行动的能力。

不少德军高级参谋担忧盟军的空中力量在天气良好时可以有效遏制任何攻击行动，希特勒忽略或驳回了这些担忧，不过攻击时间被特意定在晚秋，这时西北欧经常被大雾或低云覆盖，盟军空中威胁可以暂时不起作用。

"市场花园行动"于1944年9月结束，巴格拉季昂战役也差不多在同一时间告终，战略主导权暂时归德国，他们相信对此主导权最好的利用方式是攻击西部数量较少的盟军，而不是庞大的苏军，因为即使是包围和消灭整个苏军的不切实际计划真的能完成，苏联还是会保有数量优势。此外，东部多数"天然"防卫线（诸如河流和山脉）还在德军控制之下。

在西部，补给问题开始明显阻碍盟军作战行动，虽然1944年11月开放安特卫普港使状况稍微改善，但盟军部队过于分散，他们的阵地从法国南部一直延伸至荷兰，德军计划的假定就是对此人员薄弱防线的一次成功打击将可遏止盟军整个西线的挺进。

有不少对西部的大型攻击计划被提出来，但德国最高指挥部很快将注意力集中在其中的两个计划，第一个计划是用钳形战术包围亚琛附近的美国陆军第9军团和第3军团，夺回这个曾在年初延滞美军的极佳防卫地点；第二个计划是用闪击战战术进攻防卫薄弱的阿登，撕裂英美战线和占领安特卫普。闪击战计划后来被命名为"莱茵河卫兵"，这个名称天生有欺敌作用，暗示西线战略是停止和观望。

希特勒选择第二个计划，因为他相信一个成功的包围战对整体情势无补，并认为分割美英联军的前景更有吸引力，巴顿和蒙哥马利之间的不合众所周知，希特勒希望可以从中取利。若攻击成功，夺取安特卫普将可以将4个断绝补给的美军师陷在德军战线后方。

两个计划都将攻击集中在美国的部队上，原因主要是因为希特勒相信美国人缺乏战斗能力，并相信若听到损失惨重的消息美国的国会将会乱作一团，议员们会愤而要求美军退出欧洲战场。

斯大林甚至在战后说，防御东普鲁士的决策简直莫名其妙，他甚至有些可怜希特勒的愚蠢——抽调兵力去一个被隔断的半岛型的阵地，还不如早点退守本土更有利于防御，进入袋形阵地的增援部队一来就是包围圈里的牺牲品。东线兵败如山倒，苏联凌厉的攻势使得希特勒不得不一次次地抽调党卫军师前去压阵。精锐的武装党卫军起到了一定的作用，暂时和苏军在东欧僵持住了。此时的问题就是西线越来越逼近的盟军，前锋直指德国本土，一路杀来，解放了西欧北欧的大片土地，相对充足的给养和补充使得他马不停蹄。

德军计划趁东线僵持的这个机会喘口气，把西线一边倒的战局阻止住。尽管党卫军的几个精锐师被反复的拆来拆去，到处补洞，但在11月，德国传说中的神圣的不可能被敌人踏上的国土，还是被盟军占领了一个小城——亚琛。

▼隆美尔因涉嫌参与谋杀希特勒，被迫自杀。

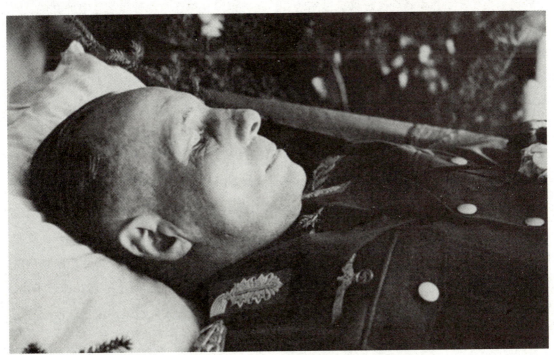

　　希特勒渐渐悟出了盟军得以步步进逼的命门——由出自安特卫普放射状的补给线，一直延伸至最前线，而两侧正由美英的两个集团军来护航。一定要捣毁安特卫普这个给养站才能阻止盟军的进攻，并把他们重新赶回海里。可此时的德国航空兵大部分已经没有战斗力，因为国内的给养和生产基地早已被盟军炸得一塌糊涂，缺少燃油和飞行员的空军，连本土防空都难以保证了，雷达预警线已经收缩至国境线以内。此刻空军已经不能像过去那样横扫长空了，派空军去捣毁安特卫普已经不可能，只有用地面部队。

　　1944 年 7 月 20 日，按照往常的习惯，希特勒在位于东普鲁士拉斯滕堡（即现在波兰肯琴）附近的大本营召开一次会议。此处被称为"狼穴"（希特勒经常使用"狼"作为其早期纳粹活动的代号），坐落于一片密林之中，其中的建筑物也在不断变迁，希特勒平时居住在森林下面数公尺深的一个水泥掩体里，但由于英国皇家空军近来使用了一种具有深穿透力的炸弹，希特勒对于掩体的安全性忧虑重重，不断进行加固。因此在 7 月 20 日这天，工程人员一直忙于加固掩体顶部，希特勒的会议只能在一个大的棚屋内举行。与往常相比，这天的会议提前了一小时。在开会之前，希特勒与本尼托·墨索里尼共进了午餐，还提前准备了一份会议提要。

　　会议按时举行，但德军总司令威廉·凯特尔陆军元帅未能准时到会。几分钟后，凯特尔和冯·施陶芬贝格上校一起到达会场。

　　施陶芬贝格是训练和补给司令部的代表，这次前来向希特勒提交一份有关新组建师团补给问题的报告。虽然希特勒已经接见过施陶芬贝格，但凯特尔还是向他做了正式的介绍。对于元首而言，他不可能忘记这位新到者的面孔，因为施陶芬贝格在东线战场上严重受伤，失去了一只眼睛和一只手，另一只手也残缺不全。

　　施陶芬贝格在会议桌前坐下来，将一个黄色皮包放在了桌子下面。过了一会儿，他对身旁的人嘀咕了几句，解释说他必须出去打个电话。当他离开时，希特勒正准备分析东线战事。几分钟后，凯特尔对施陶芬贝格的离席倍感不安，因为对于东线战事的分析即将结束，马上就该轮到他做汇报了。

　　就在凯特尔焦急万分时，一声巨大的爆炸打断了希特勒的思绪，此刻他正在分析苏联的战事。凯特尔看到希特勒身边发出一道火光，顿时吓得目瞪口呆。同时，顶棚上的灯具急速落下，砸到了希特勒的头上。第一个逃离险情的是凯特尔的副官，他艰难地站了起来，跟跟跄跄地逃离棚屋，后来又有人跳窗而逃。紧接着，更多的人从屋内逃出来。最后，凯特尔发现自己还活着，看到有两人已经丧命，赶紧上前搀扶希特勒。希特勒脸上的伤口血流不止，裤子也被炸得面目全非。希特勒为了躲避爆炸，伏在地上不敢起来。后来，医生从他的腿上取出了大量碎片。

就在接受医生治疗的同时，希特勒开始对爆炸事件进行思考。他的第一反应是棚屋在空袭中被击中，但很快就否定了这种看法，因为该地区当时并没有遭遇空袭。而后，他又将可能性转向暗杀，因为在棚屋里发现了一些临时爆炸装置，他经过推理后认为，一定是某个加固掩体的工人将爆炸装置埋在了棚屋附近。随后，他派出了一个由军官组成的搜查小组，寻找用于引爆炸弹的遥控电线，结果什么也没找到，于是开始在距离棚屋更近的地方搜查。他们最终认为，爆炸发生在棚屋内部，爆炸装置可能被放在会议室的地图桌下面。

现在，爆炸事件的调查已经有了眉目，嫌疑重点已经逐渐集中到了冯·施陶芬贝格身上。因为他这时已经从现场消失了，逃到附近一个机场。此外，会议室里到处散落着他的皮包的碎片，因为这些碎片是黄色的皮革，据此推测刺杀分子非他莫属。另外，施陶芬贝格的身世背景也特别值得怀疑，他来自前纳粹军官团，是一名天主教徒，还是一名贵族政治论者。其中任何一点特征都可以引起人们对于他是否效忠希特勒的怀疑。根据上述三点特征，加上被炸碎的皮包和他的突然消失，他被确定为首要嫌疑犯。在了解到这些情况以后，希特勒认定，作为一名有着各种理由反对自己的军官，施陶芬贝格企图谋害其性命，然后飞往莫斯科。这一结论令人难以置信，但后来的事实证明确实如此。

下午三四时，"狼穴"大本营开始不断收到从柏林传来的消息，声称一群道德败坏的军官和政客已经暗杀了元首，政府已经宣布进入紧急状态。在紧急时期，所有权力将授予电报的签字人——陆军元帅埃尔温·冯·维茨勒本。冯·施陶芬贝格的名字作为同盟者赫然写在电报上，证明了爆炸事件实际上只是整个政变的一部分：谋反者已经控制了位于柏林的战争总部大楼和许多基地。几小时之内，政变似乎取得成功：由于所有效忠希特勒的高级指挥官都在前线指挥作战，他现在处于孤立无援的境地。当时的种种迹象表明，政变有可能不费一枪一弹即可获得成功，但事实远非如此。

令希特勒得意的是，他的好运气还远远不止在爆炸中死里逃生。晚上6时30分，他接到了宣传部长约瑟夫·戈培尔的一封电报，对方在费尽周折之后向希特勒报告称，当时在柏林城内唯一的一支作战部队指挥官——警卫营营长伦纳少校还在他们的控制之下。戈培尔解释说，伦纳少校被当时的情况搞得晕头转向，不知所措：他先是接到了一连串的命令，要求他将政府官员在各自家中就地逮捕，随后又接到了另外一道命令，要求他逮捕维茨勒本和施陶芬贝格。戈培尔问希特勒是否愿意与伦纳通话，希特勒表示同意。他指示伦纳少校尽快结束柏林的混乱状况，对于一切不服从命令者，格杀勿论。

伦纳积极执行希特勒的命令。午夜之前，施陶芬贝格和其他三名反叛者被处死。陆军元帅路德维希·贝克由于参与了密谋而被牵扯进来，连续经过两次努力才结束了自己的生命。

随后，一场大规模的逮捕行动开始了。嫌疑者受到了残酷的审问，有时被迫将那些与密谋无关的人也牵扯进来。埃尔温·隆美尔就是其中之一，希特勒给了他两个选择：要么选择自杀，死后给他举行国葬，让他流芳百世；要么选择被处死，使他的家族永远蒙羞。隆美尔选择了服毒自杀。后来，隆美尔的支持者纷纷议论，认为他是唯一能够将德国从无法挽回的败局中拯救出来的人，但一切已经无济于事。这次事件使德国失去了一位天才指挥官，更为重要的影响是，它使希特勒的信心大增。

暗杀事件发生后仅一个小时，希特勒就邀请墨索里尼共进午餐。他兴奋地谈论着自己大难不死的经历，认为这一切都清楚地预示了他和德国的真正命运，无论当前形势多么不利，胜利最终将属于德国。在场的人说，希特勒欣喜若狂，早把死里逃生的经历抛诸脑后，确信自己必将取得胜利。这种重新树立起来的自信也产生了其他后果。除了极少数人之外，希特勒从此不再相信其他军事指挥官，他很少接受来自部队的建议。在战场形势判断上，他不再愿意听取与其想法相左的意见。这给后来战争的进程带来了严重的影响。在当时，战局对于德军已经十分不利，盟军经过几星期的苦战后已经开始了突破行动。

No.3　故伎重施

希特勒的背已驼了，面色苍白，脸有些浮肿。他弯腰坐在椅子上，两手颤抖，左臂时常猛烈地抽搐。他是个病人……

在他的某些追随者看来，他是一个英雄，一个失败的救世主；而在热爱和平的人们眼中，他是个疯子，政治骗子和军事蠢材，是个不可救药的杀人犯。毫无疑问，阿道夫·希特勒是20世纪撼动历史的最重要人物之一。

希特勒将突破盟军防线的进攻地点选在卢森堡、比利时和德国交界的阿登地区。这一地区丘陵起伏，林木茂密，全长136公里，希特勒认为盟军不会想到处于守势的德军会发动反攻，更不会想到德国人会选中阿登地区作为进攻的战场，因为这是一个对进攻极其不利的地区，敌人"实事求是"的判断将有利于自己达成反攻的突然性。事实上，希特勒的做法确实在盟军的意料之外。盟军在这一带只部署了很少的部队，而将绝大部分兵力集中在其他的开阔地带，阿登地区成为盟军西线最薄弱的地段。早在1940年，希特勒正是从这一地区发动了闪电战，致使盟军西线总崩溃。如今，希特勒欲故伎重演，还想重温当年的胜利美梦。

这个地区还是美第1集团军（司令官为霍奇斯）和美第3集团军（司令官为巴顿）的结合部，北侧由霍奇斯负责，南侧由巴顿负责，两个集团军之间大约136公里宽的防区由第1

▶ 晚年的希特勒。

集团军所属的第5、第8两个军共6个师的兵力防守。希特勒认为该地区是"现有部队肯定能突破的地方……防线单薄,他们也不会料到我们会发起突袭。因此,充分利用敌人毫无防备的因素,在敌机不能起飞的气候下发起突然袭击,我们就能指望取得迅速突破。"希特勒"决心不顾一切地推行这项计划"。

希特勒认为,"那时西方盟国将准备单独缔结和约,德国就能将它的全部兵力转向东方"。他事先未让西线指挥官们了解他的意图,也未听取他们的意见。

直到10月底,他才向西线德军总司令伦德施泰特和B集团军司令莫德尔元帅透露了他的计划:由坦克集团军从蒙绍和埃希特纳赫之间地域突然发起进攻,在列日与那慕尔地段进抵马斯河,强渡过河后,迂回布鲁塞尔,攻占安特卫普,切断部署突破地段以北所有英军和美军兵团的退路并消灭他们。这一目标远大的战役预定于11月25日开始。希特勒说,油料足够部队初期使用,尔后拟在敌后夺取储备油。戈林声称空军可以出动3,000架作战飞机,包括大量现代化喷气式歼击机。不过希特勒有所保留,说有800架也就绰绰有余了。

阿登战役作战计划使伦德施泰特和莫德尔大惊失色，这简直是太冒险了。然而，这正是希特勒的赌徒风格。

伦德施泰特和莫德尔都是1940年被授予德国元帅的，两人都参加过第一次世界大战，都曾任师长、军长、集团军司令等职。多年的战争经验造就他们狮子般的凶猛和狐狸般的狡猾。两位元帅不反对反攻，但他们认为，从当前态势和德国兵力实际状况出发，要实施纵深达200公里的反攻战役并达到预期目标，几乎是不可能的。希特勒不现实的计划令他们吃惊。两位元帅小心翼翼地建议希特勒缩小战役规模。但是希特勒并不是来听取他们意见的，而是要他们贯彻他的作战计划。两位元帅只能奉命且一丝不苟地实施战役准备。

阿登战役的准备进行得十分隐秘。这是希特勒的一贯风格。部队在战线外32公里处秘密集结。盟军一直未察觉希特勒的意图，也未对德军在这一地区的调动予以注意。

德军总参谋部的计划设计者们认为作战成功有三项关键要素：攻击必须完全出乎意料；天气必须差，以消除盟军空军对德国进攻部队和补给线的威胁；进度必须快，莫德尔宣称若想有任何成功机会则必须在第四天到达默兹河。因为油料短缺，所以必须从盟军手中完整夺取油料，参谋总部预估他们必须在激烈战斗状况下从盟军手里夺取到安特卫普所需油料的1/3到1/2。

德军原计划使用大约45个师，其中包括由12个装甲师和装甲掷弹兵师组成的装甲矛头和各种步兵单位，但后来因为严重人力短缺，所以被缩减成约30个师，装甲部队大多被留下来，为了要防卫东部使得步兵兵力严重不足。这30个新建师用掉了德国最后的后备人力，其中包括由战场老兵和那些原被认为太年轻或太老不适合战斗的新募兵混合组成的国民掷弹兵部队。因为德国极端缺乏油料，那些无法用铁路直接运输的物资必须用马拖以节省油料，攻击行动因此从11月27日延迟到12月16日。

希特勒决定将比利时港口安特卫普作为此次进攻的目标。盟军最近已经使安特卫普港正常运转起来，如果德军占领了这座城市，可以大大削弱盟军的后勤保障能力。除此之外，还有其他重要原因：通过向这座城市发动大规模的进攻，可以将英军、加拿大军队和美军分隔开来，进而分而治之。希特勒认为这些情况非常切合实际，但是他没有考虑到这样一次行动将要面临的巨大困难。希特勒对他的充满野心的作战目标毫不动摇，这使作战计划的具体步骤最终形成。到达安特卫普的最短路线是从北部的德军防线出发，然后沿亚琛北部美军和英军之间的分界线前进。希特勒认为德军部队应当沿尽可能短的路线前进，但亚琛周围的地形条件使他的快速进攻计划无法实施，因为整个战场被河流和运河分成两部分，这些河流和运河成了德军坦克突入盟军阵地的主要障碍。这迫使希特勒只能将阿登作为进攻目标，他对自己的选择非常满意。

最早在 1940 年，阿登就是一个对德军进攻十分有利的地区，当德军穿过浓密的森林向阿登发起进攻时，法国最高统帅部被德军的勇气所震慑，因为阿登地区的地形条件极为复杂，法国人根本不相信敌人会从这里发起进攻，他们一直将防御重点放在马其诺防线上。希特勒认为，盟军如今同样很难料到他们会在阿登发起一次主攻，因此必将取得累累硕果。虽然地形条件会使部队的机动性受到限制，但是德军已经充分地论证过，装甲车辆能够快速穿过这个地区，希特勒对此也深信不疑。

阿登被德军选为最理想的进攻地点还有其他方面原因：其一，在阿登地区边缘的德国艾费尔高原有一片大森林，德军增援部队可以在此隐蔽，避开盟军的空中侦察；其二，一旦进攻开始，德军距离安特卫普仅有 160 公里；其三，对德军产生吸引力的不仅是较短的进攻距离，如果进攻取得成功，就可以将英、加军队拦腰切开，同时对亚琛周围的美国第 1 集团军和第 9 集团军形成合围。希特勒很快意识到：如果能够成功占领阿登，他将取得一次决定性胜利，迫使英美盟军求和。此外，这次进攻可以拖住半数的美军，消除其对鲁尔区的威胁，从而使他能够从西线抽调军队，将主要精力转向东线。希特勒认为，德军将于一周内拿下安特卫普。鉴于上述种种原因，他最终下定决心，向安特卫普发起进攻。

希特勒知道，此次进攻与 1940 年的进攻是不同的。4 年前，德军只是小试牛刀就攻入了法国和低地国家，但此时已经失去了当初的军事优势。1940 年，德国空军拥有绝对的空中优势，到了 1944 年秋天，这种优势已经荡然无存。希特勒意识到缺少空中优势将严重削弱地面部队的进攻能力，因为盟军能够随时使用战斗轰炸机进攻德军的步兵纵队和装甲编队。既然不能依靠力量微弱的空军对地面部队进行保护，希特勒决定从进攻时间选择上寻求一种不同的保护方式，争取利用天气条件为己方作战提供掩护。由于参加进攻的各师需要时间进行休整和训练，进攻只能从 11 月份开始。这就确保了在德军进入安特卫普以前，盟军无法频繁出动各种战机对其实施轰炸。

No.4 "不得更改！"

"先生们，在会议开始之前，请大家仔细看一下这份文件，然后在上面签上你们的全名。"

1944 年 11 月 3 日，时任纳粹德国第 5 装甲集团军司令的冯·曼陀菲尔中将原以为这次会议不过是莫德尔陆军元帅的 B 集团军群驻守西线北部地区的 3 个集团军司令官之间的一次例会。会议在德军 B 集团军群司令官莫德尔的司令部召开，除了集团军司令们之外，最高统帅部参谋长阿尔弗雷德·约德尔上将也出席了。

▲ 时任德军第 5 装甲集团军司令的曼陀菲尔（中）与属下军官在一起。

　　但是一看正在传阅的文件，大家很快就明白这是一次不寻常的会议。出席会议的每位军官都必须对莫德尔准备向德军透露的情况保证绝对保守秘密：谁违犯了这项保证，将被处死。1944 年 7 月 20 日前后，曼陀菲尔虽然多次出席过希特勒在贝希特斯加登，或者位于东普鲁士的拉斯滕堡附近阴暗森林中的一个地下司令部"狼穴"主持的绝密会议，但是看到曼陀菲尔签名的那种文件，这还是第一次。显然有什么很不平常的事情要发生。

　　的确，约德尔对这些高级军官们的讲话是非常不同寻常的。伦德施泰特陆军元帅和莫德尔陆军元帅已在前几天由各自的参谋长介绍了情况。当曼陀菲尔在倾听约德尔讲话时，曼陀菲尔越发感到惊讶，因为几个星期以来，曼陀菲尔的第 5 装甲集团军在鲁尔蒙特以南海因斯贝格－亚琛地区深深地卷入了非常激烈、紧张的防御战。10 月 21 日，亚琛陷落。他们估计，美国人会乘胜向第 5 装甲集团军的正面发动新的猛烈攻击。

但是武装部队最高统帅部参谋长现在却拿出了一项计划草案和草图。该计划要求从B集团军群防区对西方盟国发动一次"决定性的进攻"。经验丰富的德军西线总司令伦德施泰特元帅和B集团军司令莫德尔元帅对希特勒的计划深表忧虑，然而当11月3日两人从希特勒的特使约德尔上将手中接过"莱茵河卫兵"详细作战计划时，上面有希特勒的亲笔字迹："不得更改！"约德尔似乎是疲劳过度，不久，大家就看出他很容易发火。他在把这项计划告诉德军时，显然感到自己授权有限，所以不断声明，他现在所讲的一切都是"元首作出的不可变更的决定"。

8月份，希特勒终于意识到德军的西线军队被打败了，通过在西壁前的继续战斗最多只能赢得一点时间。于是他决定，整个作战的安排应该使德军最后撤退到西壁的行动成为一次反攻的前奏。他甚至在法国和低地国家战役的最危急时期中，还反复命令发起局部有限的反攻，以便从敌人方面夺回主动权。

但是到了9月，德军的将领们认识到，不断发动的这些小规模的反击没有而且也不可能为发动一场大规模的反攻创造条件。其实，在西线的任何地方德军都没有取得主动权。德军支配的有限部队所能做到的，不过是堵住在德军据守的薄弱防线上出现的缺口。因此，决定投入新的部队，在突破敌人阵地后，把装甲部队投入战斗，使战役再次变成运动战，"目的是"——他现在告诉德军说，"到了开阔的地方实现对这一战区，乃至对整个战争具有决定意义的转折点"。

他指示对敌军实力和在德国境内可派遣到西线去的部队——包括人力和物力两方面——作一估计。根据这些估计数字，希特勒断定扭转战局是有可能的。在西壁前做不到的事将通过从西壁发动的攻击来做到。约德尔继续说，希特勒命令发动袭击的地区是"现有部队肯定能突破的地方。鉴于敌人在阿登的部队稀少，最高统帅部决定，蒙绍－埃赫特纳赫地段最适于进攻。敌人在其攻势中已遭到了严重的损失，所以他们的后备部队一般都紧靠前线，而且他们的供应情况很紧张。敌人的防线单薄，他们也不会料到德军会发动袭击，更不会料到会在这个地段袭击。因此，充分利用敌人毫无防备的因素，在敌机不能起飞的气候下发动突然袭击，德军就能取得迅速的突破，德军的装甲部队就能够发挥其速度的特长了。他们将飞快地夺取列日和纳慕尔之间的默兹河的桥头堡，绕过布鲁塞尔向东，长驱直入安特卫普。"

当时设想，一旦德军的装甲部队渡过了默兹河，他们就可切断沿着默兹河河谷所建立的美国第 1 集团军的后方通讯和供应系统。德军的坦克一到达布鲁塞尔－安特卫普地区，英国第 21 集团军群的通讯和供应系统就会受到同样的威胁，当德军占领安特卫普时，他们的通讯和供应系统就会被切断了。敌人尚未充分利用这个巨大港口的潜力，但他们很快就会这样做的，这对他们将来在大陆上作战关系非常重大。那时他们就会通过这港口不断输入大量人员和物资来压倒德军。然而，如果德国陆军占领了安特卫普，就形成了德军可以袭击已彻底断绝了补给来源的美国第 1 集团军和英国第 21 集团军群的形势。这将使盟军有 25 个师到 30 个师遭受失败，由于这一胜利，德军还将能破坏或缴获大量的各种战争物资。这些物资是敌人为了正规作战，特别是为了将来袭击西壁而储备在这个地区的。

约德尔这样概括了这次作战计划的军事目的后，接着叙述了希特勒指望从这次胜利中得到的其他好处。盟军的计划在今后很长一段时间内将被打乱，同盟国将不得不从根本上重新研究他们的政策。由此而引起的延误将迫使他们的军事头目推迟采取必要的对策。在曼陀菲尔与希特勒 12 月 2 日的一次谈话中，他本人对约德尔这些话作了进一步的发挥。他告诉曼陀菲尔，他知道担任夺取遥远的安特卫普任务的部队要实现其目标有一定的困难。他说，但是现在到了孤注一掷的时候了。"因为德国需要一段喘息的时间。"他认为，即使德军只获得了部分成功，也可推迟盟军的计划 8 到 10 个星期，这样就使德国获得了它所需要的喘息机会：西线暂时相持一段时间，使最高统帅部可以把那里的部队调到东线遭受威胁的中部防区去。

希特勒认为，一个作战计划的胜利不仅对德国士气具有巨大的影响，而且对同盟国及其军队中的舆论都会有巨大影响。希特勒还说："我决心不顾一切地推行这项作战计划，即使盟军向梅斯一边并朝鲁尔即将发动的进攻会使德军丧失大片领土和筑垒阵地，我还是决心发起这场进攻。"

这番谈话暴露了希特勒坚持其计划时十足的顽固劲儿。为了这个缘故，他甚至准备牺牲他始终坚持的指导原则，即决不放弃一寸土地。

现在回到 11 月 3 日的会议上来，约德尔叙述了部队的情况，希特勒认为数量足够，能够执行他的计划。这些部队一部分是目前或最近在德军这条战线上战斗过的，准备把他们撤下来，进行休整和重新装备，还有些是正在德国组织的新编部队。只有当希特勒授权根本改变德军的整个打法时，德军才能得到这些新编部队，但他却一再拒绝这样做。对于那些跟希特勒的未来攻势没有直接关系的战线，他不愿作出战略上的改变或发出必要的指示；由于他目的性不强，就不愿从计划在其他战区战斗的空军、海军以及陆军补充军中撤出部队。而如果西线的进攻计划失败了，这些战斗就根本不可能发生。

　　独裁者在他衰败时，不能也不愿命令集中必要的力量，组成一支强大的部队去摧毁敌人的前线。

　　约德尔把将参加进攻的部队的任务概括如下：

　　第6党卫军装甲集团军在党卫军泽普·迪特里希上将的指挥下，必须在列日的两侧占领默兹河的各渡口以及默兹河支流韦萨尔河的渡口；在列日的东部筑垒区建立一道强大的防线；然后越过马斯特里赫特和安特卫普之间的艾伯特运河，最后攻入安特卫普以北的地区。

　　第5装甲集团军在曼陀菲尔的指挥下在列日西边的艾梅和纳慕尔之间越过默兹河；然后掩护第6党卫军装甲集团军的后部，以防范敌人后备队从西边沿着安特卫普－布鲁塞尔－纳慕尔－迪南一线袭击他们。

　　第7集团军在可信赖的勃兰登柏格尔将军领导下，负责掩护整个战斗的南翼和西南翼，他的目标是默兹河及其支流塞姆瓦河；他要与卢森堡东边的摩泽尔河前线保持联系；他的军队要用爆破的办法争取时间在遥远的后方建设一道坚固的防线。

　　此外，还通知德军，最高统帅部的意图是把H集团军群向北的进攻与B集团军群在阿登的进攻相衔接，H集团军群的进攻要从锡塔德和盖伦基尔亨之间的第12党卫军装甲军的阵地上发动，因为估计一支强大的敌军会调来对付第6党卫军装甲集团军的右翼，H集团军群就要打击它的侧翼。

　　力量计划如下：

　　第6党卫军装甲集团军有4个党卫军装甲师和5个步兵师；

　　第5装甲集团军有4个装甲师和3个步兵师；

　　第7集团军有6个步兵师和1个装甲师。

　　约德尔讲不出对第12党卫军装甲军地区发动的辅助进攻调拨什么部队。由最高统帅部调配的后备队有三四个装甲师和三四个步兵师。参与作战计划的部队总数将是28个师到30个师。

　　全线突围的任务要用步兵师来完成。进攻的组织要保证——或者更确切地说，在计划上要尽可能做到有把握——迅速穿过敌人阵地，使装甲部队能及早投入战斗。接着装甲部队要利用这次进攻出其不备之效果，冲过步兵已经打开的缺口，朝正西方向前进，直插敌人的背部。两个装甲集团军在到达默兹河之前必须不顾一切向前挺进。他们只要绕过重兵守卫的乡村和防御阵地，不必担心侧翼会失去掩护。

　　这些战术在东线经常是运用得非常成功的。

　　约德尔在会上宣布，发动进攻的日期是11月25日。月相将是合适的，因为那时是新月，在新月前的一段黑暗期可以掩护部队进攻的阵地，特别是能使他们不被敌人的空中侦察发觉。

No.5 "小满贯"

约德尔讲完后，曼陀菲尔是第一个被要求表态的司令官。曼陀菲尔是装甲作战专家，战前就在装甲部队视察团任职，他的装甲集团军编在莫德尔的集团军群内。他刚刚听到这次攻势的情况，对德军最高统帅部制订的这样一个冒险作战计划，感到十分吃惊。他认为，虽然在突破地段盟军只有五六个师，10余万人的兵力，但是敌人在西线的总兵力却达200余万人，一旦盟军顶住这次攻势，百万大军便会排山倒海般扑过来，后果将不堪设想。

然而，他也觉得有必要在西线采取积极防御的方针，以必要的攻势行动改善一下德军的防御态势。这位铁十字勋章获得者听到伦德施泰特点名，站起身说道："约德尔将军，我认为，根据你的计划，我们能够抵达马斯河……"

约德尔一听，赞许地点点头。伦德施泰特和莫德尔却皱了皱眉头，如果像曼陀菲尔这样高级的第一线指挥官同意这项攻势计划，希特勒更会认为他的设想无懈可击。

"不过，这要具备一些条件。"曼陀菲尔继续说道。

"什么条件？"约德尔问。

曼陀菲尔说道："第一，参战部队的人员和装备必须在进攻前到达位置，其中包括德国空军的支持；第二，在进攻开始时，必须能得到所有的补给，特别是燃料、弹药和装备；第三，这个计划必须为所有的部队提供得到改善的机动能力和桥头堡；第四，第7集团军的行动必须得到加强；第五，其他地段各个师必须按统帅部所阐述的那样行动。"

两位陆军元帅听完曼陀菲尔一口气开列的条件，不禁会意微笑，因为他们知道目前最高统帅部已无能力全部满足上述条件。特别是莫德尔很满意曼陀菲尔的"迂回"战术。

针对曼陀菲尔的要求，约德尔蛮有把握地答应道："将军的要求一定会得到满足的，你尽管放心去干吧！"

曼陀菲尔提高嗓音说道："不对，约德尔将军，你根本不了解现有部队的状况、武器、装备和训练情况，以及计划突破地段的复杂地形、恶劣的天气情况和盟军的抵抗可能对我军造成的损失，都表明我们无力完成这样一个作战计划。"

"难道你又改变了主意？"约德尔有种被戏弄的感觉，他恼怒地问："你直说吧，究竟是什么意思？"

曼陀菲尔是个精明的桥牌手，他从桥牌那里借来一个术语，来阐述他的观点："约德尔将军，你讲的这个计划是一个企图一直打到安特卫普的'大满贯'，我不认为这张牌有多么好，我宁愿把牌叫低到'小满贯'。你知道吗，我们在西线没有足够的兵力，怎么能从阿登山区突破一直打到200公里之外的安特卫普？即使能破例将计划内的兵力及时集中起来并在一定

▲ 德军西线总司令伦德施泰特在前线视察.

程度上得到充分的装备，也不可能在冬季这样恶劣的气候条件下，到达那么远的目标。相反，如果我们把目标定低一些，在阿登山区突破后，转向西北，利用西边马斯河的掩护，在亚琛地区对美军实施一次空间有限的作战，改善一下防御态势，然后再视情况决定继续向北或向西推进。而且……"

"而且什么？"约德尔冷冷地逼问。虽然他的军衔同曼陀菲尔一样，但是他自恃是统帅部的代表，因此说话语气强硬，令人生厌。

"而且即使是'小满贯'，我也看不出在 12 月 10 日之前打出这张牌的可能性。"曼陀菲尔说道。

这时，莫德尔插话说："我原则上同意曼陀菲尔将军的意见，我认为第 5、第 6 装甲集团军不应向西渡过马斯河，而应在通过敌人防线进入开阔地带后，转向西北或者向北前进，然后，第 5 装甲集团军在左翼停在马斯河边，而第 7 集团军掩护我军的南翼。同时，德意志第 15 集团军从锡塔德地区进攻，形成一个北部钳脚，这个钳脚跟南面的钳脚相遇。这个钳形突击的两个钳脚将在列日西北的锡塔德和蒙绍之间会合，将敌人 20 - 25 个师包围起来歼灭后，再视情况决定是否向安特卫普进军。"

伦德施泰特冷静地开口了。这位资深的元帅平日言语不多，也瞧不起莫德尔这样的非军人家族出身的军人，但他同意莫德尔的意见，他说："如果我没猜错的话，莫德尔元帅修正了元首的计划，把这次攻势行动分成两个阶段，虽然我不知道他的进军安特卫普第 2 阶段作战方案是否可行，但是，我对他第 1 阶段作战方案的支持是坚定的。"

约德尔终于被激怒了，他没料到西线几乎所有的将领都反对这项计划。他站起身反驳道："我荣幸的能有这个机会听取诸位对作战计划的意见，但是我不得不遗憾地告诉大家，这项计划是元首亲自制订的，绝对不能改变，大家能做的唯一事情就是准备实施这场攻势作战，不过，我理解你们，愿意把今天谈话的内容向元首汇报。"

接着，莫德尔陆军元帅谈了一下可能采取的另外一种方案。鉴于可用来参战的兵力情况以及曼陀菲尔曾谈到的情况和事实，修改原有的计划也许会更有希望快速取胜。他建议，两支装甲集团军不向西渡过默兹河，而是在通过敌人防线进入开阔地带后，转向西北或者向北前进。然后，第 5 装甲集团军的左翼可停在默兹河边，而第 7 集团军可掩护德军南翼。同时，德意志第 15 集团军从锡塔德地区进攻，形成一个北部钳脚，这个钳脚跟南面来自列日西北的通格尔附近的钳脚相遇。这个钳形运动把英美在锡塔德－蒙绍的部队（他估计有 25 到 30 个师）包围起来。如果形势发展顺利，武装部队最高统帅部参谋部所计划的对安特卫普的进攻就可开始。

武装部队最高统帅部参谋部提出的计划和莫德尔的计划之间的不同之处，在于前者设想用有限的部队达到一个非常庞大的目标，而莫德尔则提出用强大得多的部队达到在开始时还是比较小的目标。这后一项计划可使德军到达默兹河。这样德军就有机会在迅速重新组合部队，解决亚琛地区，它是在德军进攻的地区内可实现的第二个目标。值得注意的是，莫德尔的这一主张涉及到对部队的配备与最高统帅部的计划不一样，因此提出的攻击重点也不一样。德军还有时间考虑这个问题。会议的结果是提出了一项所谓"小解决"的计划，这项计划是由西线总司令部参谋部起草的，它几乎是完全采取了莫德尔的主要意见。

至于敌人方面，曼陀菲尔第一个意见就是，曼陀菲尔的集团军不必考虑北面默兹河东岸的敌军是否会作出强烈的反应。这一点多少也适用于第6党卫军装甲集团军。德军认为，在敌人防线上的部队后面只有少量的后备部队。因此，假如德军在敌人还没来得及把后备部队调上来前，就突破了敌人的防御工事，德军在向默兹河前进中可能只会遇到轻微的抵抗。

使曼陀菲尔更为忧虑的是，敌人可能会从南边发动强大的反攻。他们可以经过兰斯－夏龙－查理维尔－色当－蒙梅迪，从香巴尼区把后备部队调到这里，或者把驻守在前线南部防区的巴顿的美国第3集团军部分部队调上来。不论发生哪种情况，如果他们进入默兹河以东，德军可预计在发动进攻的第三天晚上前，有大量的敌军部队，甚至敌军的大部分部队在巴斯托尼地区作战。敌人可利用的有利条件是：一级公路网，速度快以及充足的燃料供应，所以估计敌人后备队一定会很快出场。因此，进攻日后的第三天晚上，第7集团军在敌人这些后备队到达之前必须建立一条远伸西部的坚固的防御线。以曼陀菲尔看，第7集团军既无力量也无充分的机动性来完成这项任务，而且他们还缺少足够的装甲部队。

曼陀菲尔的估计和第7集团军的估计完全一样。曼陀菲尔高兴地发现，莫德尔也完全同意自己的看法。虽然莫德尔跟曼陀菲尔一样地担心，但是他把忧虑完全藏在心里。他全力以赴加快进攻的各种准备工作，唯恐延误会进一步增加这次战斗内含的危险性，这是他的特点。尽管莫德尔指挥的是一个集团军群，但他从不忽视真正率领部队打仗的人的实际问题，也不忽视部队本身的需要。他随时都准备倾听各种建议，只要这些建议符合实际情况，并且是经过深思熟虑后向他提出的。他对他的部队要求是严格的，而他对自己的要求更严：有时在这两方面适当放宽些也许会有好处。使曼陀菲尔过去而且直至现在仍不可理解的是，为什么莫德尔不努力调和一下两支进攻部队的看法。在进攻前的一段时间内，他常常对曼陀菲尔谈到他的忧虑，从指挥的角度来看，他认为把所有的党卫军装甲师集中到一支党卫军装甲集团军内是错误的，而希特勒却希望看到一支党卫军装甲集团军跟一支正规装甲集团军相竞争！

▲ 希特勒与手下将领在"鹰巢"大本营。

No.6 "鹰巢"会议

1944 年 12 月 11 日。

德军西线 B 集团军群的一大群高级指挥官被召到伦德施泰特陆军元帅的司令部所在地泽根堡。按计划，担任这次即将来临的攻势作战的师长级以上主要战地司令官，将分别在 11 日和 12 日两天受到元首的接见。

11 日是第一天。主要高级将领几乎都到了：伦德施泰特、莫德尔、曼陀菲尔和迪特里希。

傍晚时分，所有参加会议的高级将领们在被搜查了腰间佩戴的武器和手里的文件包后，登上了大轿车。汽车开上了一条专门用来使那些不熟悉这个地区的人迷失方向的"迷魂路"。

大约半个小时过去了，人们被弄得晕头转向。可实际上，他们只到了离出发地点几公里远的地方。

大轿车停了下来，这群通常是趾高气扬的人被领着走进了一座很深的城堡。这里就是希特勒在法兰克福附近的泽根堡指挥所，人们称之为"鹰巢"的大本营。

1940 年，德军大获全胜的阿登战役正是在这里指挥的。今天，到会的大多数人将第一次听到此前只有少数参谋官一个月前已经知道的事：元首准备在 4 天内，在西线发动一次强大的反攻。

尽管这次战役的形势和背景都将与 1940 年那次大相径庭，然而战役的地点又一次在爱登堡地区，战役的名称又一次叫"阿登战役"。也许这预示着德军希望这次战役会有一个同样的成功结局。

将军们被人领进会议室后不久，凯特尔、约德尔和元首也走进了会议室。希特勒首先向经受了战斗考验的两个师的师长——第 9 装甲师师长哈罗德·冯·埃尔弗尔德少将和第 116 师齐格弗里德·冯·沃尔登堡少将致敬。他俩都被授予骑士十字勋章，并应邀发表了关于部队状况以及对这次战役的总看法。

举行这次会议的房间很大，大约有 70 位军官参加了会议。

希特勒坐在一张狭长的只有 30 英寸宽的桌子旁边，他的右边是凯特尔，左边是约德尔。希特勒的对面坐着伦德施泰特，伦德施泰特的左边是莫德尔，曼陀菲尔则坐在莫德尔的左边。曼陀菲尔坐的地方离希特勒近在咫尺。

与会者形成鲜明的对照：一边是威风凛凛的将军们，他们都是认真负责、经验丰富的军人，其中许多人在过去的战斗中负有盛名，是颇受部队尊敬的军事专家；坐在他们对面的是武装部队最高统帅，一个背驼、面色苍白、脸颊浮肿的人，他佝偻着背坐在椅子上，两手发颤，尽力隐藏那条随时要剧烈抽搐的左臂。他是个病人，显然是被责任的重担所压垮了。

自从德军上次在柏林见到他后，在这短短的 9 天中，希特勒的健康状况显著恶化了。他走路时一条腿拖在后面。

在询问部队的状况之后，希特勒开始发表讲话。将军们原以为最高统帅会给他们讲一讲反攻的全面军事形势，而元首却给他们谈了一通政治和历史的大道理。他发表了两个小时演讲，大谈阿登战役的可能性和必要性，它的政治意义和军事意义，并表示他已为保证进攻胜利做了一切努力。

希特勒说："这一战役将决定我们的命运。我希望士兵努力奋战，勇往直前。战斗会很残酷，但是，盟军的任何抵抗都将在无情的冲击中被粉碎。"他提醒在座的诸位注意普鲁士的腓特烈大帝国在同各国联盟作战中所采取的战略和取得的胜利。尽管这个战争疯子仍极度的狂热和骄横，但这时希特勒已像一个垂死的病人了。

到会议结束时，会议室里 30% 的军官——其中许多人是一生中第一次见到希特勒——觉得，希特勒的身体极佳。直到将军们散会时，这个动员演说还在他们的耳朵里嗡嗡作响。尽管他们中大多数人不相信阿登攻势会成功，但是他们仍然决心尽最大的能力去执行元首的命令。

这番话对曼陀菲尔来讲没有什么新内容，曼陀菲尔以前全都听到过了。这位武装部队最高统帅的讲话对在座的大多数将军来说，是令人失望的。理由很简单，希特勒根本没有谈德军在当前准备阶段中关心的首要问题，这就是最高统帅部在采取什么步骤来弥补德军的种种不足和匮乏，这些是迄今（离进攻开始日期只有几天时间）还笼罩在这次战斗行动上的阴影。

完全出乎曼陀菲尔的意料，希特勒在他的演讲中和随后约德尔的讲话中都没有作任何努力来消除曼陀菲尔心中对这次进攻的种种忧虑。希特勒本人曾经说过，顺利完成作战计划的基本条件是"组成新的、有充分战斗力的部队来参加进攻"。

尽管西线总司令伦德施泰特作了种种努力来增强德军的实力，但这只做到了一部分：虽然他的这些努力取得了某种程度的成功，但是他仍未能建立起一支力量和规模都符合进攻主攻点要求的攻击部队。

另一方面，在 12 月 2 日的柏林会议以及军需部长斯佩尔到曼陀菲尔的总部来了两次后，曼陀菲尔深知攻击部队得到的补给物资和武器，在数量上和质量上已达到了在目前情况下和有限的时间内被围困的德国国内所能生产的底线。

这次会议上，曼陀菲尔不禁感到，尽管高级指挥官们力陈己见，希特勒和他的私人参谋们对总的战斗实力的估计还是很高。究竟他们是否估计过高，当时曼陀菲尔是无法判断的，因为他既不了解、也不可能了解全面的政治军事形势，而且他对敌人实力的了解也不全面。

曼陀菲尔在会上得到的唯一有助于未来作战行动的积极收获是希特勒本人对敌人的估计。以他的观点看，只有他一个人能得到来自各方面的一切情报，这次作战计划成功的前景是良好的。希特勒把未来进攻的决定性意义深深铭刻在与会军官们的心上。他的基本论点是，不论侧翼可能发生什么情况，每支部队都要不断前进，而且应该全速向前推进。

莫德尔谈了自己对这次作战的看法，他的意见与希特勒截然相反。大会议厅里的每一个人都不得不承认他的才能，甚至希特勒都没有去打断他，他显然在十分注意地听。然而会议的结局是不能令人满意的：基本计划毫无变化，主要问题仍未解决。安特卫普还是夺取的目标，希特勒完全拒绝讨论"小解决"方案，他称它为"半解决"。关于在北翼使用第15集团军发动辅助进攻的问题没有作出任何决定，原计划中提出的加强第7集团军的问题也没讨论。

最后，已答应但尚未调拨的军队和补给是否确实能在进攻开始前按时到达还是个问题。而且也无从知道在前线的其他地段是否采取了惑敌的步骤，假如已采取了的话，也不知道达到了什么程度。

还有，在另外一些负责牵制敌人力量的防区中采取什么战术行动的问题，这个重要方面同样被忽视了。

在7小时的会议最后结束时，希特勒又同莫德尔、曼陀菲尔进行了长达一个半小时的谈话。谈话时除了一名希特勒的副官外，一共只有曼陀菲尔、莫德尔和希特勒四人，所以曼陀菲尔能够提出一些次要的建议，可是这些建议没能使计划作出重大改变。

希特勒此时还认识不到他指挥的军队已不再是1939年和1940年或是在俄国战役开始时的那支军队了。这并非因为士兵们缺乏决心或干劲，他们所缺乏的是各种武器和装备。

曼陀菲尔向希特勒提出的最后一个问题是："当部队打听德国空军在未来的战斗中要起什么作用时，我该对他们讲些什么呢？"

这些天来，在德军防区内，从未看到或听到过一架德国飞机。

希特勒回答说："戈林刚刚向我报告说，我们有3,000架战斗机可供这次战斗使用。你是了解戈林的报告是怎么回事的。打个折扣，去掉1,000架，还有1,000架可拨给你，1,000架给泽普·迪特里希。"

第二天，即12月12日，希特勒为那些未参加11日会议的司令官们重演了这台怪异的戏，并把进攻日期作了最后一次推迟：进攻日期定在12月16日，这个日期以后再也没有变更。随后，将军们回到各自的部队。

德军官兵们怀着坚定的决心投入了战斗，准备竭尽全力地战斗，必要时甚至牺牲自己的生命。

No.7 "人民近卫军"

　　希特勒早就决定要打阿登反击战了，但他的军队在兵力配备和军需供给方面捉襟见肘，这使得进攻计划大受限制。他深知德国目前已是民困国贫，开战 5 年来，德国共有 336 万人伤亡、失踪，8 月（损失最惨重的一个月）又多了 46.6 万的人员伤亡。

　　长期的消耗使德军的许多部队大量减员：他们最引以为豪的装甲部队（以坦克装甲师为例）原装备有 1.72 万名士兵和 190 辆坦克，据报道只余两个连的残兵败将和 5 辆坦克；原配备有两万名士兵和 238 辆坦克的德国第 2 党卫军装甲师仅余 2,650 人和一辆有战斗力的坦克。德国空军损耗得更为严重，几乎丧失了战斗力，在这次反攻中根本派不上用场。国内的城市一片狼藉，战争工业、通讯设施、铁路和公路运输常因受到盟军炮火的袭击而中断。

▼ 被征召的"人民近卫军"成员在学习使用反坦克火箭炮。

▶ 时任纳粹宣传部长的戈培尔。

为实施"莱茵河卫兵"计划，把美国人赶下海，德国政府发布了关于建立"人民近卫军"的命令，征召年龄从 16 岁到 60 岁的新兵，他们很快就招募了大批新兵。

为了解决兵力配备问题，希特勒在 8 月开展了一系列改革。他指派宣传部长约瑟夫·戈培尔对所有的工商业部门进行整顿，裁撤冗余人员。戈培尔发出公告说，政府部门的周工作时将延长到 50 个小时，学校和剧场都将关闭，所有的政府工作部门都要精简裁员。

按照命令，国防军除了打仗之外不再做任何其他的工作；行政管理和军需后勤人员（被希特勒称为"后方的猪"）都被粗暴地剔除了；16 岁到 60 岁的男子皆应征入伍（原先规定的年龄范围是 18 岁到 50 岁）；除此之外，由于战斗机和战舰的大量损毁而闲置的许多飞行员和水手都被调到地面作战部队。

从这些渠道征集来的青壮年男子又组成了 25 个新的装甲师，希特勒称之为"人民近卫师"，亦称"人民步兵师"。每个作战单位仅配有 1 万人，比之前配有 1.7 万人的德国装甲师小得多。为了弥补缺陷，他们给更多的士兵配备了全自动武器，包括开火迅速（出手会发出"驳克'声而被美国兵称为"驳克枪"）的手提冲锋枪，另外还配备了反坦克手提火箭炮。

这些新兵在经过 6 至 8 周的短期训练后，被调往西线，加入了攻击部队。12 月初，德军共集结了 25 个师，其中有 7 个坦克师，由 B 集团军群司令莫德尔元帅指挥。

此时，集团军团的攻击右翼是"党卫军"第6集团军（司令迪特里希上将），辖有第67军（第272、第326国民掷弹兵师）、"党卫军"第1装甲军（党卫军第1"阿道夫·希特勒警卫旗队"、党卫军第12"希特勒青年"装甲师，第12、第227国民掷弹兵师，第3伞兵师）、"党卫军"第2装甲军（党卫军第2"帝国"、党卫军第9"霍亨斯道芬"装甲师）。共有4个装甲师、4个步兵师、1个伞兵师，大约有640辆坦克。

中路是坦克第5集团军（司令曼陀菲尔上将），辖有第66军（第18、第62国民掷弹兵师，元首护卫装甲旅）、第47装甲军（第2装甲师、第26国民掷弹兵师、装甲教导师、元首掷弹兵装甲旅）、第58装甲军（第116装甲师、第560国民掷弹兵师）。辖有3个装甲师、4个步兵师，大约有320辆坦克。

左翼是的第7野战集团军（司令布兰登堡将军），辖有第80军（第212、276国民掷弹兵师）、第85军（第352国民掷弹兵师、第5伞兵师），共辖3个步兵师、1个伞兵师。其任务是负责掩护第5装甲军团的侧背，保障中央进攻。进攻集团计有官兵25万人，坦克和强击火炮900辆，飞机800架，火炮和迫击炮2,617门。

德军为在阿登地域实施突破而集中了大量兵力兵器，但仍不足以达成战役目的。

德军指挥部打算在进攻过程中从西线其他地段及德国本土增调部队到阿登地区。

整个攻势原本有4个军团，但是因盟军在11月的一次攻击及东线状况的危急，使得原定最北边的第15军团向马斯垂克地区攻击的计划被迫取消，而最南翼的第7军团的兵力也大幅缩减。

因此担负主攻的任务落在了迪特里希的第6集团军及曼陀菲尔的第5装甲军团，整个兵力也减为20个师，对美军只有2.5:1的优势。

而在这两个军团之中，希特勒的本意是让第6集团军作为主力：这个集团军的四个装甲师都齐装满员，拥有大约640辆战车。而第5集团军的3个装甲师，都只有编制的2/3实力，只拥有大约320辆战车。

预备队由第9装甲师、第3装甲掷弹兵师、第15装甲掷弹兵师担任。

理论上，整个攻击应当得到德国空军3,000架轰炸机、战斗轰炸机的协助，但是在第一天，只有325架飞机起飞支援（含80架喷射机）。而盟军随时可以投入5,000架以上的轰炸机。

后来盟军在天晴之后（12月23日）飞行了2,000架次，在接下来的3天内也飞行了15,000架次；圣诞节前夕，2,000架美军轰炸机在900架战斗机的掩护下，攻击了德军在战区附近的机场、通讯中心，美军只损失了39架飞机，还有961架C－47运输机和61架滑翔机投送了850吨的补给品至被围困的巴斯托尼。

▲ 正在集结的美军坦克部队。

第二章

骄兵必败

　　经过两个半月的激烈战斗，欧洲战争的结束之日近在咫尺。德军在西线战场被打得落花流水，仓皇而逃，巴黎重新回到了法国人民的怀抱。随后，盟军一鼓作气向第三帝国的边境开进。

　　——盟军远征部队最高司令部 1944 年 8 月 26 日情报摘要

No.1 最高军事机密

盟军意识到德军有可能发起反击，但他们相信自己有能力将其击退。情报显示，德军很难再纠集起一支足够强大的力量，发起一次大规模进攻。如此一来，从表面上看，盟军似乎已经牢牢地掌握了战场主动权，可以随时发起进攻。

但是，任何对德军的低估都是十分危险的，因为他们的武器装备与盟军相差无几，在某些方面甚至还要强于盟军。此外，他们还有一大"杀手锏"——突袭。

德军选择阿登作为攻击突破口的一个主要原因就是：在此可以实现战役突然性，因为盟军不会料到德军会从这里发起进攻。从另一方面讲，德军力量有限，只有采用声东击西的战术才能有效打击盟军。因此，德军能否取得这场战役的胜利，就取决于能否成功地实施欺骗，促使盟军对阿登地区疏于防守。

此外，德军还寄希望于盟军情报部门出现失误，如果盟军的情报部门不能从众多情报素材中准确判断出德军正在阿登地区进行集结，将对战局的发展产生重大影响。令人遗憾的是，虽然盟军情报官员几乎已经准确掌握了德军的作战企图，但却没有能够与决策层进行及时、必要的沟通。

9月25日，希特勒在"狼穴"大本营召开了一次军事会议，在会议上透露了计划的更多细节：在进攻以前，首先由炮兵向盟军实施大规模的轰炸；随后步兵部队发动进攻，突破盟军阵地；且上述目的达到之后，装甲师第1梯队将迅速穿越盟军防线，向默兹河开进，占领所有重要的桥头堡；第2装甲师梯队后续跟进，然后步兵师向前突进，保护进攻部队的侧翼。第6装甲集团军将担负主攻任务，曼陀菲尔将军指挥的第5装甲集团军和布兰登堡将军指挥的步兵师将支援作战行动。希特勒指示最高统帅部参谋长约德尔带领参谋人员对计划做一次认真的分析。

因为保密问题极为重要，与会人员被要求签订一份保密誓言书，违约者将被处死。希特勒指示，只有在必要时才能将计划告诉伦德施泰特和其他野战司令部的指挥官们。

这一点颇具讽刺意味，因为此前希特勒已经非常骄傲地告诉日本大使，他将于几星期后在西线发动一次大规模进攻，而日本大使立即将这条消息向东京做了汇报，丝毫没有意识到信号有可能会被美军截获（虽然后来发现美军未能正确破解这份情报）。

亚琛防区的战斗是一次极好的掩护，它不仅掩盖了德军最高统帅部的意图，而且还隐蔽了部队为计划中的进攻进行的集结。

德军各师集结在亚琛前线之后，这样盟军就会以为那些部队将被送上那里的战场，或者以为他们要被用来反击美国人可能向莱茵河发动的突破。

德军部队调动的安排就是为了增加盟军的错觉。

德国的指挥官们十分熟悉阿登的地形。

德军在 1940 年曾穿越阿登，在几个月前又经阿登撤退。德军熟悉阿登狭窄的、弯弯曲曲的道路，以及它们对进攻部队，特别是在冬季、在恶劣的气候情况下造成的种种困难，且不说还有种种危险。而恶劣的气候是德军开始执行作战计划的基本前提。主要道路上有许多发夹形的急拐弯处，这些道路常常是筑在陡峭的山坡上。炮兵和高射炮部队的火炮、架桥工程兵的浮桥和大梁要通过这些急转弯确实是又费时间又困难，必须把大炮和拖车拆开，然后用绞盘机拖过转角，当然一次只能拖一件。运输车辆在这些路上就不能超车了。一旦发生空袭，到沿路的树丛或森林中去隐蔽是不可能的，因为路两旁的山坡实在太陡了。而且，德军大部分的车辆，包括为数不多的牵引车在内，都是很蹩脚的，即使地形许可，它们极大部分都是不能越野的。德军必须估计到会有很多车辆、坦克和枪炮发生故障。

现代战争中强调的是技术和装备，因此良好的补给系统是战争胜利的一个基本条件。

在战争的这个阶段，德国方面遇到的主要后勤问题是如何运送补给物资。盟军轰炸机对德国铁路网越来越频繁的袭击使补给物资只能在离前线越来越远的地方卸下来。

在这方面，莱茵河对德军来讲也变得十分讨厌了。莱茵河西面，尚能使用的铁路线只有几小段，而且其中有很多段由于不断遭到毁坏，以致列车停顿或者不得不绕个大圈子走。许多隧道成了卸货场，或者成了列车逃避空袭的防空洞。最后，隧道里挤满了列车，而铁路线不是整段整段地被炸毁就是被列车阻塞了。

▲ 向阿登地区集结的德军装甲部队。

　　当然，不论是哪种情况，紧急补给物资都被耽搁了。此外，铁路部门一心想尽可能地多做些事，所以每当夜幕降临或者天气不宜空袭的时候，他们就拼命向西发车。这样就发生了混乱，常常连续好几个小时整个列车不知去向。军需局长就不得不派出一名军官去寻找失踪的列车，他往往发现这些列车被堵在隧道或其他地方。然后军需官只得调来一队卡车，把补给品从火车卸到卡车上。这可不是件容易的事情。实际上，整个补给工作都是非常困难的，长时间的耽误已习以为常，连最急需的补给品也不能按时运到。从进攻一开始，部队的给养就仅够糊口。

　　12月23日，天气转晴，盟军空军再次活跃起来，对前线附近的补给线集中袭击，使情况越加恶化了，以致最后根本不可能在白天运输补给物资了。

　　德军采取了极为彻底的保密措施。德军为了掩盖正在进行的准备工作，必然遇到种种困难，这是为保密付出的代价。伪装和欺骗的办法都被广泛采用，互为补充。当曼陀菲尔的参谋部终于在11月25日从前线撤下来，转移到艾费尔来准备这场攻势时，为了伪装，被重新命名为"野战步兵师特别任务指挥部"。装甲部队的军官们脱下了他们特别的制服，穿上了步兵的制服。为了避免待在森林中的部队因做饭或取暖火炉冒出的烟雾暴露使用了木炭。炮兵和高射炮部队由马牵引的火炮，以及工程兵的架桥材料都集中放在德军主要防区附近约8公里外的"汽车运输封锁线"的后面，此外，在黑夜中向前线运输时，夜间战斗机就沿着前线上空上下飞行，把汽车声音淹没。马匹在走过碎石道路时，马蹄都要用麦秆裹住。一旦车辆要离开大路，就得十分仔细地把会泄露天机的车迹抹掉。为了迷惑盟军，新到达的师团按确定的计划在白天时间内向北、向东行军。

　　这些欺骗和伪装的措施做得很彻底，使德军到时候能把盟军打个措手不及。盟军没有估计到德军会发动这种规模的进攻，更不要说在这种旷野地区，在这样一个不利作战的季节。从保密观点来看，最大的疏忽是莱茵河上以及在莱茵河以东进行各种准备工作。过去的这些东西使德军遇到了相当大的麻烦。曼陀菲尔早就提醒过希特勒，并非常紧急地请求他亲自颁发命令从军需部长斯佩尔那里拨出足够的运输工具把这些东西运走。他注意到了曼陀菲尔所说的话，可是由于在西线的其他防区上更急需车辆，德军不可能得到足够数量的工具。

　　就部队士气而言，当然在夏天的失败中受到了挫伤，然而，近来由于在鲁尔河边对非常优势的敌人赢得了防御战的胜利，士气又有了提高。德军的士兵们知道他们守卫着莱茵河，这是历史性的任务。他们也完全了解，当他们的弟兄们在东线防止苏军进犯德国时，守住后方是他们的职责。士兵们钦佩并尊重那些在遭到狂轰滥炸的城市里不分男女老少长时间从事劳动的德国公民。他们决心不辜负这些人。

No.2 情报争夺战

"军事情报"这一术语经常被愤世嫉俗者认为是一种矛盾修饰法，这是对军事情报的错误理解，可能产生极大的负面影响。如果一方对自身的行动安全具有强烈的防范意识，另一方的情报人员将很难查明对方的实际部署和真实计划。在"二战"期间，设在布莱切利公园的英军密码中心破译了大量的德军密码电报，为盟军情报工作做出重大贡献。

就在布莱切利公园将破译的德军情报源源不断地提供给盟军决策层的同时，德军仍在坚信自己的恩尼格玛加密机是无懈可击的，同时仍然热衷于使用已被英国情报部门破译的加密方式发送绝密信息。然而，德军对恩尼格玛加密机使用的失败并不能否定其在信号安全方面的总体成就，也不能否定德军对欺骗战术重要性的认识。

也就是说，德军并非轻易就会出现恩尼格玛加密机之类的失误。在分析阿登战役期间盟军情报部门是怎样被德军成功欺骗时，必须对这一段历史进行回顾。当然这都是发生在1944年冬天的事情。

发起攻击前，盟军对于德军的部队移动完全一无所知。夺回法国时，法国反抗军为盟军提供了关于德军部署的宝贵情报资料，但此一消息来源在到德国边境后便告枯竭。德军在法国时使用恩尼格玛密码机加密的无线电传递命令，盟军可以从中拦截和解密这些无线电从而得到称为恩尼格玛的情资，但在德国境内这一类的命令通常改用电话和电传打印机传递。而且德军对关于这次进攻的所有相关行动特别下达了无线电静默令。

德意志国防军在7月20日刺杀希特勒事件后的肃清，也使得保安更为严密并减少泄密可能，秋季多雾的天气也使盟军侦察机无法正确判读地面情报。

盟军的情报单位从获得的一点点情报资料判断德国无力发起任何大型攻击行动。事实上因为德国的努力，他们相信德国在北莱茵河杜塞尔多夫附近新组建了一只防卫军，这是靠增加防空阵地和蓄意增加无线电流量来达成。盟军最高指挥部因此依据他们情报单位的评估判断阿登属于平静地区。

因为阿登被认为是平静地区，基于经济准则的考量它被用来作为新部队训练地和做过激烈战斗部队的休整地，因此美国部署在这个地区的部队是缺乏经验的部队（美国第99步兵师和第106步兵师）和屡经战阵前来此地整补的部队（美国第2步兵师）两者的混合。

德国情报单位预估苏联重起攻势的日期在12月20日。苏联这次进攻目的将是击溃德军在东线的剩余抵抗能力以打通前往柏林之路，他们希望斯大林在得知德国开始进攻阿登后会延后作战，待结果出晓后再行动。

希特勒和参谋群在作战的最后准备阶段离开了他们位于东普鲁士的指挥部"狼穴"，短暂

停留柏林后，希特勒在 12 月 11 日抵达位于南德的指挥
部"鹰巢"——在 1940 年他曾成功指导对法和低地诸国
作战的地点。

No.3 "疯狂行动"

    1944 年 9 月初，华盛顿的联合参谋部开始考虑如
何在年底之前结束战争。经过深思熟虑之后，他们对自
己的方案信心十足，并将方案呈交给了美军总参谋长乔
治·马歇尔将军。在审阅了计划后，马歇尔将军通知艾
森豪威尔，盟军已经制订了对德军发起一次重大进攻行
动的计划。艾森豪威尔对计划给予了积极的响应，对联
合参谋部的方案基本表示赞同，但对进攻计划的可行性
提出了一些疑问。他认为，由于对战略要地——安特卫
普的防御上一直存在困难，盟军的后勤工作需要加强。
正如第一章所述，德军一度占领了安特卫普这个重要港
口，给盟军的后勤补给造成了极大的困难。艾森豪威尔
的质疑使得马歇尔将军认识到，向德军发起一场全面进
攻还为时过早。同时，他认为盟军应当停止向前推进。
在此情况下，马歇尔传达给艾森豪威尔的进攻计划就没
有实施。

    联合参谋部不是实施战略评估的唯一机构。在欧洲
战区，一场最终彻底击溃希特勒政权的行动正在酝酿之
中。艾森豪威尔始终认为打击德军心脏的最佳方案是从
北部进攻，即从德国的工业重地鲁尔区长驱直入，并且
已经将这一方案纳入他的整体作战计划。从诺曼底登陆
开始，这一整体作战计划正逐步付诸实施。虽然计划的
第一阶段此时已经完成，但盟军内部在采取何种方式向
前推进的问题上仍然存在不同意见。盟军第六阶段的作
战计划是，在大部队渡过莱茵河之前消灭西岸的德国守

▲1944 年，马歇尔（左）、艾森豪威尔（中）与布莱德雷（右）在一起。

军。在此之前，盟军将实施第五阶段计划，设法将德军彻底拖垮。正是在这一问题上，盟军最高司令部内部开始产生分歧，以蒙哥马利元帅为代表的一部分盟军高级将领对艾森豪威尔的作战方案提出了不同意见。实质上，艾森豪威尔的作战方案就是：兵分两路，对德军形成南北夹击之势，然后发起进攻；同时，将重心放在蒙哥马利元帅领导的北部军团。但是，蒙哥马利不赞同这种方案，他认为，盟军所有力量都应当集中在北部方向，方可确保战果。蒙哥马利的方案也不乏支持者，英国总参谋长艾伦·布鲁克陆军元帅也不同意艾森豪威尔的方案。尽管如此，艾森豪威尔的南北夹击的进攻意图仍在实施当中，因为蒙哥马利指挥的第21集团军群此时已开始将防区内的德军向着默兹河以西驱赶，美国第1集团军和第9集团军也开始向科隆发起进攻。与此同时，美第3集团军开始向萨尔河方向挺进。美军的连续行动使得蒙哥马利再也坐不住了，他不断向布鲁克抱怨。最后，布鲁克不得不直接面见丘吉尔，向他阐述全线出击方案的弊端，将之形容为"疯狂行动"。同时，他向丘吉尔表示，对艾森豪威尔而言，身兼盟军最高司令官和陆军总司令的双重职务负担过重。布鲁克还认为，盟军应当保留2个集团军群，而不是目前的3个集团军群。

蒙哥马利希望自己能够担任盟军陆军总司令，但布鲁克却认为陆军总司令一职应当由美国人担任，而不应由英国人来担任，因为在欧洲战场上美国陆军占据着优势。除此之外，两人的想法几乎完全一致。与此同时，艾森豪威尔一直在采取措施试图解决盟军在进攻方案上存在的分歧，为此，他于12月7日在马斯特里赫特召开了一次专门会议，但是在会议上并没有能够说服蒙哥马利接受全线进攻、拖垮德军的作战方案。

从盟军为突出部战役所做的准备（或者说根本没有准备）的角度讲，这种争论非常重要，因为它显示出盟军对于1944年年底的形势进行判断的思路和方法。

此外，其他一些迹象也显示，德军已经接近了崩溃的边缘。盟军对亚琛的进攻几乎没有受到任何有力的反击，这与以往德军的战斗作风大不相同。因此，美国第1集团军的情报官员断言，德军战斗力已经遭到明显的削弱。情报官员们还预测，在盟军现有的打击力度之下，德军下一步将会出现大规模的投降现象，因此，盟军当务之急就是解决战俘的后勤保障问题。令人惊奇的是，这种判断居然来自一名以悲观主义而著称的情报官。

在盟国远征军最高司令部，负责情报工作的肯尼思·斯特朗少将指出，按照目前战争的进展，每隔几天德军就要损失一个师的兵力。面对这样的损失，德军将被迫将战略预备队调往前线，随时准备增援不同地方的战斗。这种"火并"意味着德军预备队被迫陷入一场持续的消耗战。为了守住各个战略要点，德军四处调动，得不到一丝喘息。从一定程度上讲，德军由于疲惫不堪，战斗力不可避免地遭到了削弱。

No.4 情报官的判断

美国自从在珍珠港吃了因情报不准而几乎葬送整个太平洋舰队的大亏后，便极为重视无线电情报侦听工作。在英国人的帮助下，美国人凭借他们先进的工业技术，很快掌握了破译敌方无线电机密的手段。布莱德雷任第1集团军司令时，集团军无线电破译队曾在诺曼底登陆时，成功地破译了德军兵力调动的无线电密码，立了大功。破译队的队长名叫威廉·杰克逊，原是一名律师，后随军从事情报工作。

10月1日，杰克逊从德军无数的电报中，破译出一个情报：

立即从第7集团军中抽调坦克后送，具体数字稍后即告。

约德尔（签字）

这份貌似正常兵力调动的电报实际上正是希特勒在下令为他新组建的第6装甲集团军拼凑武器装备，杰克逊没在意，随手交给译电员存档。

可是，在后来的几天中，类似内容的电报越来越多，从而引起杰克逊的警觉。他以律师所具有的缜密逻辑思维方式分析，目前盟军正在发动秋季攻势，西线德军兵力本来不足，他们为什么还要抽调部分装甲部队回撤？一个可能是东线吃紧，德国人要抽兵东援，另一个可能就是他们还有更大的企图。

很快，杰克逊从另一封破译的电报中找到了答案。这份由希特勒亲自签发的电报，命令莫德尔把从各部队抽调的坦克开到威斯特伐利亚集结。他从这份电报中首次见到"第6装甲集团军"的字眼儿，而在盟军的情报室中还没有这个集团军的任何材料。敌人一定是编成了一个新的装甲集团军——杰克逊判断出了敌人调集坦克的真实目的。

然而，敌人在那里组建第6装甲集团军的目的是什么就不是该杰克逊操心的事了，他只是把材料汇总，报给了迪克森处长。迪克森上校接到杰克逊送来的这份情报，起初也没重视，因为半年前他就侦知德军克卢格元帅企图组建一支装甲后备部队，由于英军和加拿大军队在卡昂周围的进攻而挫败了这个企图。所以，敌人准备组建某种形式的装甲预备队没有什么值得惊奇的。他没有把这份报告送给霍奇斯，因为他认为，一名情报军官的工作不是充当追寻某一目标的警犬，其主要的任务应是把敌人的作战能力告诉司令官，如果可能，还要提供关于敌人最可能采取什么行动的情报估计。而现在这份报告却说明不了什么问题。他知道，情报军官只有在他能够向司令官提供根据具体观察而作出的判断并准确的足以影响自己部队的部署时，才真正有用。

可是，他现在却没有充分理由肯定这份报告的价值。

这件事大约过了两个月，迪克森从公文中看到了第3集团军情报处送的一份文件：

作战的战略性命令

一、第6党卫军装甲集团军：

1. 一位持使用态度的和很了解内情的战俘称，这个集团军的第130莱尔装甲师在威斯特伐利亚被授予第6党卫军装甲集团军的番号。战俘还指出，第1党卫军装甲师、第9党卫军装甲师、第12党卫军装甲师也归第6党卫军装甲集团军指挥。

2. 战俘还称，第6装甲集团军司令是泽普·迪特里希上将。

▲ 时任美第9集团军司令的霍奇斯（前左一）和第21集团军群司令蒙哥马利（前左二）与美军将领们在一起。

二、人们怀疑，在威斯特伐利亚组建的装甲集团军的番号是第6党卫军装甲集团军，但是这只是关于它的党卫军称号的第一个证据。从逻辑上说，这个称号是合情合理的，因为这个集团军由一个党卫军将军指挥，至少辖有4个党卫军装甲师和两个党卫军装甲军。此外，纳粹的命运寄希望于这支新集团军的成功，在这种情况下，纳粹授予这个新装甲集团军以传统的党卫军称号看来是合乎逻辑的。

这是迪克森看到的最为详细的关于德国第6装甲集团军的材料。正在思考之际，杰克逊又送来一份破译的德军电报：

迪特里希将军应在12月10日前到达科隆－杜塞尔多夫。

希特勒（签字）

迪克森大吃一惊！他终于明白几个月来在敌人往来电报中频繁提到的组建第6装甲集团军的目的是要在西线发动一次攻势，而这些电报却一直被他们忽视了。他想起两周前破译出来的、被他锁进档案柜中的另一封德军电报：

一、元首命令组建一支大约由两个营的兵力组成的特种部队，用于西部战线执行侦察和特种任务。其人员将从陆军和党卫军所有部队中的志愿人员抽调，他们必须符合下列条件：

1. 身体为A－1状况，适于执行特种任务，反应敏捷，体格健壮；
2. 受过全面的格斗训练；
3. 通晓英语和美国俚语，尤其重要的是通晓技术术语和军语。

二、搜集和上交缴获的美军军装、装备、武器和车辆，以装备上述特种部队。必须把本部队使用这些缴获装备的需要置于第二位。具体细节以后通知。

这份电报是德军第86军参谋长威斯曼将军给他的部队拍发的，联想起第6装甲集团军的调动，迪克森已意识到德国人正在进行破坏和攻击盟军指挥所和重要设施的特种作战行动的准备。

他又想起两天前审讯一名德军战俘的情况，这名战俘是个下级军官，可是他态度强硬，他告诉迪克森他的同胞正在满怀信心地为德国而战。

这名战俘的态度与以前俘获的俘虏截然不同，似乎有一种必胜的信念支持着他，对未来的作战充满信心。而过去捕获的战俘精神都十分沮丧，充满了失败情绪。

迪克森终于从纷繁复杂的情报中理出了头绪：是德国人要发动反攻了。他根据近期掌握的情报，向霍奇斯提交了一份情报报告：

很显然，德国人保卫帝国的战略是以我们的攻势衰竭为基础的。他们企图在其所有可以投入的兵器支援下，在鲁尔和埃尔富特之间发动一次全面的装甲进攻……极有可能，他们正把最近生产的Ⅴ－1型火箭送到黑森和莱茵河以东的新发射场，从那里轰炸我们的后勤仓库和炮兵地域，以支持他们的全面反攻。

一份破译的命令要求在11月1日之前挑选会说美国俚语的志愿人员，到奥格宁附近的弗里登特尔向斯科尔兹内的司令部报到。这显然预示着他们将使用渗透分子和空降兵进行特种作战，以破坏和袭击我指挥所和其他重要设施。一位特别机敏的战俘（他提供的其他情况经过核查与事实完全相符）指出，德军正集中所有的手段来进行即将到来的全面反攻。

据从陆军战俘营和战区后勤地带战俘营了解，最近抓来的战俘士气明显高涨，其表现是，他们多次企图逃跑，宣称要返回部队为德国战斗。

显然，不是凭直觉实施军事行动的伦德施泰特已经巧妙地保护和整顿了他的部队，并准备发挥其作用，在关键地带和正确时机全力使用一切武器以在莱茵河西面保卫帝国，使盟军遭受尽可能大的失败。迄今看到的各种迹象表明，这个关键地带在鲁尔蒙特和施莱登之间，在此范围内将对盟军部队使用集中的兵力，因为德军最高统帅部队认为这支盟军部队对其成功地保卫帝国构成了最大的威胁。

看到报告后，虽然迪克森推测德军进攻的方向只包括第1集团军的不到一半的正面，而大部分是美第9集团军和英第2集团军的防区，但是霍奇斯认为事关重大，立即报告给布莱德雷，等待总司令的具体指令。

No.5 迪克森的无奈

本杰明·迪克森中校是盟军首席情报官的考虑人选，他的情报分析能力在盟军中是首屈一指的，但这次他的报告没有引起应有的重视。他在"一战"期间曾在美国军队服役，但是通过一些事情，迪克森认识到自己在军队的发展前景很渺茫，最终退出现役。迪克森离开军队后的事业进展很顺利，不过仍然保留着预备役的职务。在情报工作方面，迪克森曾经是一名专业人士，他的升迁一直同布莱德雷将军的升迁息息相关。但是，当布莱德雷将军调任第12集团军群司令时，迪克森并没有跟随布莱德雷前往任职，因为第12集团军群有着自己的情报处。于是迪克森继续留在美国第1集团军任职，此时的司令已经是布莱德雷的继任者——考特尼·霍奇斯中将。

在这种背景下，由于美国第1集团军情报处对第12集团军群有成见，所以在情报系统内部也产生了矛盾。他们直截了当地指出，迪克森是一名资深情报官员，而第12集团军群情报处的首席情报官埃德温·赛伯特准将却是专业炮兵出身。迪克森尽力避免两个情报部门之间产生任何分歧和误解，但充分的证据显示，这两个情报单位在一定程度上仍然存在着紧张关系。就像美国第1集团军情报处对于他们的新任司令没有多大好感一样，第12集团军群情报处对美国第1集团军的同行们也心存芥蒂，他们逐渐把迪克森看成是一位极端消极主义者，因为迪克森始终倾向于认为德军仍有好几个师部署在西线。

自然，这种看法有悖于大多数人的判断。当时许多人都认为迪克森根本不了解基本情况，认为他忽视了大战过后德军在后方忙于重组部队的可能性，甚至忽略了德军这几个师由于伤亡惨重已被临时取消了番号的可能性。尽管美国第1集团军曾提供了德军在西线仍然部署有重兵的报告，但并没有引起重视，因为，当时存在的问题是，第12集团军群的情报官们一直认为迪克森过于谨慎，他所提供的有关德军陈兵西线的报告可能是杞人忧天，所以第12集团军群一直对他的评估报告不予重视。如果美国第1集团军和第12集团军群之间有着充分交流的话，这种情报系统内部的互不信任现象也许就会消除，但很显然，问题并没有向着好的方向发展。这就导致了这样一种局面：迪克森和他的同事们与蒙哥马利指挥的第21集团军群的联系比与第12集团军群的联系还要频繁，尽管从指挥层面上讲，美国第1集团军情报处隶属于第12集团军群。

虽然在以何种方式赢得战争的问题上存在着明显的分歧，但盟军从来没有动摇过赢得这场战争的信心，盟军所有想法都建立在他们不会输掉这场战争的基础之上。盟军所担心的问题是怎样以最小的代价和最快的时间赢得这场战争。在1944年底，许多人已经开始认为德军此刻已经处于崩溃的边缘，但不容忽视的是，德军此时仍然是一个强大的对手。实际上，在11月份开始的进攻中，美军可以明显感受到德军的实力。在为期3周的战斗中，美军伤亡高达12.5万人。从德军的顽强抵抗中似乎可以找出一些积极信息，但盟军高级指挥官们却认为，

▲ 时任美第 12 集团军群司令布莱德雷与第 8 军军长米德尔顿。

如此大规模的作战行动将给战线过长的德军带来更大的损失。此后的战事表明，这些看法虽然过于乐观，但并非没有任何根据。

迪克森陪同集团军群总司令布莱德雷视察了第 5 军防区，视察后产生的最大忧虑是兵员危机。他的一线部队每个师都不满员，伤亡大和战壕足病使得战斗减员严重。他要解决这个问题，但目的是为了攻击德军，而不是为了防备德军反击。

迪克森有些失望，因为布莱德雷并没有重视他的情报。他回到自己的办公室后，又接到几份破译的德军无线电报。

他的心一下子提到了嗓子眼：这些电报均是向阿登地区对面的比特堡调集兵力的命令。

阿登地区在 20 世纪的战争史上可以算得上一个名地，德军在 1/4 世纪里，两次从这个森林密布、道路不便的山区攻入了西欧，难道希特勒还要第三次从这里攻入西欧吗？

他知道，阿登地区正是霍奇斯的第 1 集团军和巴顿的第 3 集团军的接合部，北侧由霍奇斯负责，南侧由巴顿负责，两个集团军之间大约 136 公里宽的阿登防区由刚从第 3 集团军转隶给第 1 集团军指挥的第 8 军防守。他在 11 月 8 日曾陪同艾森豪威尔和布莱德雷视察过那里，知道那里兵力薄弱，只有 4 个师防御。以后的几天内，他又连续得到一系列令人深思的情报。

12 月 12 日 19 时 28 分，第 106 师报告：18 时 30 分，对面德军的坦克部队在向东北方向集结；

12 月 13 日，第 4 师报告：他们听到对面德军车辆行驶的声音；

12 月 14 日，刚从巴黎开来的第 28 师报告：他们听见对面德军防区 5 个不同地点有摩托车辆行驶的声音。

"德国人要进攻的真正地点是阿登，不是鲁尔蒙特和施莱登！"迪克森叫了起来。阿登地区防御薄弱，一旦敌人从这里突破，很快会在盟军的接合部撕裂一个缺口。

迪克森冒了一身冷汗，立即把他的判断和这些情报呈送给霍奇斯和布莱德雷。布莱德雷很满意迪克森的工作态度，他问霍奇斯有什么看法。素以稳健闻名的霍奇斯认为："把新组建的师派往战斗较多的战线之前，先把他们调到相对平静的地段锻炼，取得一些前线经验，是德军几个月来的固定做法。这种做法表明，凡是敌人活动明显的地区均保持平静，不会发生战斗，因为这不是他们所希望的。所以我认为德国人进攻阿登地区的可能性不大。"

"这就是说第 8 军对面之敌的调动只是一种正常的换防，对吗？"布莱德雷反问。

"完全有理由这样解释！"霍奇斯肯定地说。

布莱德雷赞同地点点头。他认为，虽然阿登防线兵力薄弱，有些危险，但算不了什么。万一德军向阿登山区发动进攻，他可以从北面调动霍奇斯的第 1 集团军，从南面调动巴顿的第3集团军，以强大的机动部队迅速歼灭敌人。德国人败局已定，德军的进攻正好为盟军提供歼灭德军的良机。从这个意义上讲，他倒有些盼望德国人发动这种进攻。

他把这些情报和自己的想法，向在巴黎的盟军最高统帅艾森豪威尔作了汇报。艾森豪威尔也认为德军在阿登山区部署的兵力有限，且时值冬日，德军无法通过阿登山区弯弯曲曲的山路进行补给。退一步讲，即使德军果真发动进攻，也无法夺取列日、那慕尔或凡尔登等重要目标。因此，德军若进攻阿登山区的盟军，那将是一个极大的战略错误。

可是，他的主管情报的副参谋长肯尼思·斯特朗中将提醒他，的确有迹象表明新组建的德国第6装甲集团军有可能向美国第1集团军的第8军发动进攻。

艾森豪威尔考虑了一下后，电告霍奇斯做好应急准备。

布莱德雷和第8军军长米德尔顿通了电话："如果德军进攻你的防区，你部边打边撤，必要时可一直退到马斯河。但在后撤时，应尽可能迟滞敌人。以便集团军群调动第7和第10装甲师以及'大红师'围歼进入阿登山区之敌。"

米德尔顿听后，知道布莱德雷采取了机动作战的方针保卫阿登山区，因为这3个师分别是辛帝森的第9集团军、巴顿的第3集团军和霍奇斯第1集团军的预备队，直接由集团军群掌握，没有他的命令，任何人不得擅自调动。

布莱德雷与米德尔顿通话后，突然想起一件事，又操起电话接通第1集团军司令部，请霍奇斯转达他对迪克森的问候，并说："听说迪克森上校还没休假，请你批准他立即休假。"

迪克森没有等来总司令对他的敌情报告的批复，反而等来了休假的批准书，他有些无奈，12月15日上午，他乘车前往巴黎，开始他在战争期间的首次休假。

No.6　误判继续

德军的准备迹象显然是存在的，但发现迹象并对其进行合理解释并非易事。关于德军在西线活动的第一个迹象来源于布莱切利公园的英军密码破译中心的情报。1944年9月18日，布莱切利公园破译了关于德军第6装甲集团军和其他一些德军部队（其中包括一些党卫军部队）从前线撤退的情报，从截获信号到破译情报一直到上报情报，英军密码破译中心共花费9天时间。随后，英军密码破译中心还陆续破译了有关德军从前线撤退的一些详细情报，其中一份情报清楚表明，从10月中旬开始，第6装甲集团军将成为德军统帅部的战略预备队，由希特勒直接指挥。但是，盟军并没有对这些迹象做出准确预测，这就对下一步的战局产生了重大影响。

虽然，布莱切利公园的密码破译中心从 10 月份已经陆续获取了德军第 6 装甲集团军的一些电文，但盟军情报官员们直到 11 月份才开始注意布莱切利公园提供的这些情况。让盟军将领们头痛的是，德军是否会使用新组建的部队发起攻击，如果用的话，德军将会从何处发起攻击。塞伯特认为，德军会向美国第 1 集团军和第 3 集团军发起攻击，因为他们已经突破了德军防线，正在向莱茵河和鲁尔区推进。斯特朗与塞伯特的判断一致，此外他还亲眼看到了情报部门破译的日本代表与希特勒会谈后发回国内的电报，认为德军会在 11 月份发起进攻。如果德军按照希特勒制订的不切实际的时间表实施计划的话，斯特朗坚信自己的判断不会落空。在这种情况下，盟军情报部门才开始确信德军正在寻求对盟军发起某种攻击。遗憾的是，他们并没有能够确定德军的攻击地点。

斯特朗、塞伯特和迪克森三人的判断基本一致，他们认为一旦美军越过乌尔河，德军将对科隆地区发起进攻。从种种迹象判断，德国第 6 装甲集团军将担任主攻任务，同时也有迹象显示德国第 5 装甲集团军也将参与进攻。虽然还有关于德军备战的其他征候，但都不能与盟军已经形成的判断相吻合。

无论是布莱切利公园的英军密码破译中心，还是盟军的航空侦察部队，都已经紧锣密鼓地展开了对德军的侦察工作。盟军通过侦察发现，德国人在艾费尔地区的铁路运输特别繁忙，运输量大大超过了以前。此外，通过无线电技术侦察获悉：德军的航空侦察与对科隆地区发起进攻所需的侦察航线并不一致；德国空军已经接到了密切关注奥伊彭、马尔梅迪、默兹河渡口等 3 个地区的命令，在上述地区中，没有一个接近盟军预测的进攻位置。由此，就产生了这样的疑问：为什么德军会对以上地区感兴趣？但就在此时，盟军仍然没有将德军航空侦察的方向与德军即将对阿登地区发起进攻的可能性联系起来。

塞伯特对阿登地区的关注程度与日俱增，但在他的眼中，德军对科隆地区的威胁还是第一位的，因为德军装甲部队此时已经部署到了科隆附近地区。塞伯特对迪克森的情况研究报告同样也很关心，他认为其中的一些推测还是站得住脚的，因为他已经掌握了其他战线的德军部队前往阿登地区的情报，这一点很有说服力，只是迪克森在报告中的表现过于悲观。塞伯特认为，应当对当前情况进行客观、适度的分析，于是开始着手起草一份较为客观地评估报告。因为第 12 集团军群情况分析报告在过去一直被认为在语气上枯燥乏味，他担心会出现类似的情况，于是邀请英格索尔来参与起草这份文件。这是一个非常明智的举措，因为英格索尔曾是一位颇有名气的新闻记者。毫无疑问，最终出炉的情报文件——"第 18 号总结"的可读性非常强，英格索尔的加入进一步加强了这份研究报告的乐观主义基调。这份研究报告的最终结论是，德军将会在西线全面溃败，而且将会迅速溃败。

▲ 伦德施泰特重新被任命为德军西线总司令。

与此同时，在盟军最高司令部，斯特朗将军也在分享着一种乐观的喜悦感，他认为德军第 6 装甲集团军调动可能是"围魏救赵"，阿登可能是第 6 装甲集团军的攻击目标。不过，斯特朗将军还是坚信阿尔萨斯才是德军最终的攻击目标。所以说，尽管从 9 月开始，盟军就已经接触到了德军可能会选择阿登作为攻击目标的信息，但盟军情报人员一直无法充分地将各种征兆联系起来进行正确分析。

虽然盟军并不能够对德军的迹象给予充分解释，但在 11 月下旬，对阿登地区的关注开始与日俱增。阿登地区在这一时期并不是美国第 3 集团军的作战区域，艾费尔南部才是他们计划中的必经之路。因此，美国第 3 集团军司令巴顿将军非常希望他的情报参谋能够提供艾费尔南部地区的全面情况。为此，巴顿将军的情报处长奥斯卡·科克上校开始研究德军在艾费尔南部地区的部署情况，但没过多久便忧心忡忡起来。11 月 24 日，科克上校的报告引起了巴顿将军的高度警觉，他认为德军正在向美国第 8 军方向集结。

12 月 9 日，科克上校向巴顿将军做了一次特殊的简要汇报，在汇报中告诉巴顿将军，德军从前线至少撤回了 13 个师，其中许多是希特勒的党卫军部队（由于效忠希特勒而被认为是德军最勇猛的军队），与此同时，德军还从斯堪的纳维亚抽调了 3 个师前往艾费尔地区。科克判断，德军的部署可能有两个目的：一是利用新组建的部队抵御盟军进攻，二是向盟军发起进攻。虽然还不能明确判定德军进攻地点，但很可能就在鲁尔河附近。

并非只有科克认为德军会向艾费尔地区集结，美国第 1 集团军的迪克森也持有相同的看法。通过无线电截取的信号，迪克森发现德军正在征募会说英语的志愿者组建一支特殊部队，他认为德军此举的真实企图是在发起一次大规模攻击之前建立一支深入敌后的破坏小分队。基于这种情况，迪克森判定，垂死挣扎的德军将会发起一次突击行动，于是撰写了一份题为"评估 37"的情报来陈述自己的判断。

这是一份特别有争议的文件，后来迪克森声称，自己在文件中向指挥官们提供了充分的信息，证明德军很快将会对阿登地区发起攻击。实际上，迪克森在文件中提到的是，德军将会发起进攻，对于进攻地点的判定则是在鲁尔蒙德和施莱登之间，后来与阿登北部地区联系了起来。迪克森12月14日递交了这份情报文件，随着此后几天情况的变化，对于德军的进攻地点，他开始改变自己的判断了。12月14日，美国第8军报告，据一名可靠的比利时妇女反映，德军正在向阿登地区集结。在美国第1集团军当晚召开的情况分析会上，迪克森戏剧般地断言：德军将会在阿登地区发起攻击。他的言论打破了会场的宁静，但他并

▲ 美第3集团军司令巴顿。

没有充分的证据对自己的判断作进一步的证实。会议结束后，迪克森前往巴黎逗留了5天，他已经整整6个月没有离开过工作岗位了。许多人认为，迪克森自诺曼底登陆以来一直没有休息过，因此才提出了这样一份杞人忧天的情报研究报告。不管情况是否如此，迪克森确实需要短暂的休息。

在第12集团军群司令部，塞伯特准将对布莱切利公园破译的德军电文感到非常吃惊。电文显示，德军空军已经接到了对默兹河渡口进行侦察的命令。塞伯特准将立即指派助手威廉·杰克逊上校前往伦敦就这份情报的情况进行进一步的详细了解，但威廉·杰克逊并没有挖掘出更多的有价值的情况。与地形专家拉尔夫·英格索尔少校的讨论进一步加深了塞伯特的顾虑。英格索尔一直在研究德国南部比特堡地区的铁路运输，他认为德军事实上正在向该地区集结兵力，德军首先临时撤退2个师的兵力，然后再调动3个新编师前来填补空缺，这样一来就可以轻易地在盟军眼皮底下多隐藏一个师的兵力。塞伯特对此深信不疑，他向布莱德雷将军进行了汇报，即德军正在比特堡地区集结兵力。在此情况下，布莱德雷将军向艾森豪威尔总司令请求调派一个装甲师作为阿登地区的预备队，结果遭到拒绝。

虽然艾森豪威尔对布莱德雷将军的考虑表示赞同，但是他更需要用一个装甲师去加强第7师的力量，因为第7师正在支援第3集团军的进攻行动。

盟军未能准确判定德军会对阿登发起攻击有着诸多原因。虽然德军成功实施了欺骗计划，同时采取了全面严格的保密措施，但如果盟军能够客观分析问题，就不会出现这样的失误。盟军的判断失误源于一系列错误的假设，而这些假设之间看起来又有很强的逻辑性。

过分自信是其中一个主要原因。在盟军整体赢得了战场主动权的背景下，盟军情报参谋们倾向于认为德军已经到了崩溃的边缘。在这种认识的主导下，盟军情报分析人员认为德军不可能发起大规模的攻击行动。看起来这是一个非常符合逻辑的判断。与此同时，德军西线总司令伦德施泰特的重新任命，进一步使盟军情报分析人员们相信自己的判断。因为盟军很熟悉他的作战风格，这位老帅向来以理智沉稳出名，不会选择在部队战斗力严重削弱的情况下冒险发起攻击。但是，如果盟军能够正确地分析这样一种情况，即德国第6装甲集团军此时已经担任了德军统帅部的战略预备队，并划归希特勒直接指挥，也许就不会轻易地坚持德军不会发起攻击的推断。因为，虽然伦德施泰特没有发起攻击的胆略，但一直有着偷袭习惯的希特勒却可能冒险发起进攻。

▼ 布莱切利公园内的英军密码破译中心。

▲ 在阿登地区的一支美军巡逻队。

第三章

绝版闪击战

西线战场的勇士们：

属于你们的时刻到来了！就在今天，我们强大的部队已经向英美联军开战了！我不需要对你们说得太多，你们自己完全可以感觉到这一切。请记住我的话：不成功，便成仁！勇敢地承担起你们神圣的责任，为了我们神圣的祖国和伟大的元首，努力去实现你们的英雄之梦吧！

——陆军元帅冯·伦德施泰特 1944 年 12 月 16 日的战前动员命令

No.1　圣诞雾月

纵观整个战争史，没有哪一天能够像 1944 年 12 月 16 日至 17 日的 24 小时那样至关重要、生死攸关。就在这 24 小时里，希特勒为了扭转战局，挽救其失败的命运，集中兵力在密林覆盖的阿登地区发起了一场大规模的反击战。12 月 16 日凌晨 5 点 30 分，德军 8 个装甲师和 13 个步兵师向美国第 1 集团军的 5 个师发动了全面进攻，从曼萧至艾希特纳赫的 145 公里正面冲出。

12 月 13 日夜，德军 3 个集团军都进入了集结地域。集团军属以及军属炮兵进入最后集结位置，即位于它们的最终发射阵地后方大约 5 英里处。容易进行伪装的弹药被运送到计划发射阵地的后面，第 7 集团军的马匹被用来拖曳火炮进入位置。为了减少声响，火炮轮子上捆扎了稻草。

12 月 14 日夜晚，各步兵师悄悄地开进到各自的最后阵地，即位于战线后方只有约 4 公里的地方。为了掩护德军的行动，德军空军的飞机不停地在前线上空飞来飞去，以便用声音掩盖火炮调动发出的声响。

到 12 月 15 日，德军的进攻准备已基本就绪。3 个德军集团军共 23 个师，正准备向大约由美国 4 个半师守卫的地段发动进攻。

现在的问题就是，要等盟军的空军无法发挥优势的时候，德军才能进入预定地点集结。于是德军开始等待一年一度的圣诞雾月的来临。

终于，在 12 月 14 日下午，德国气象预报部门带来了这个好消息——从 12 月中旬至次年 1 月 10 日左右，德比交界地区将有连续 25 天的阴沉大雾天气，并伴随着多场暴雪。

机会终于来了！集结从 12 月 14 日开始，在浓重的雪雾中，德军的进攻部队日夜兼程地从各个方向赶往比利时边界的阿登林区，各部队车辆开着大灯不分昼夜地急行军，终于于 12 月 17 日在当年进攻法国的出发地集结完毕。几个主力师如帝国师，霍亨施陶芬师，骷髅师等部队都有部分部队参加，他们是各师从东线调回后方休整的某几个团或战斗群。另外还有第 1 伞兵集团军的两个师，其中包括戈林空军伞兵装甲师的残部和第 10 山地伞兵师的大部。德国陆军 B 集团军群的一部也在换防中被抽调过来。

几乎 1/4 的西线原齐格菲防线的空军高炮部队被遣散作为步兵前来支援，并带来了他们的 180 门 88 毫米高炮，炮口统一调整为水平。第 19 重坦克大队和 503 重战车营也配置了近 200 辆"虎王"前来助战。大量的 308 毫米口径的自行高炮和"虎"、"豹"等重型坦克歼击车也从德国内地的生产线上直接开过来，驾驶员和炮手们几乎都是不满 20 岁的青少年，但是在狂热的信仰驱使下，拥有勇猛顽强的战斗力。

▲ 准备投入进攻之中的德军士兵

1944 年 12 月 16 日，5 点半整，阿登前线响起了爆炸声。一名美军哨兵打电话向连队指挥部汇报，他说，突然有无数的"小亮点"在德军防线上开始闪烁。就在那时，一枚德军炸弹在他身边爆炸了，他这才意识到那些小亮点是成千上万的德军士兵在朝他们开火。

从南部的艾希特纳赫古镇到北部由卵石铺就的曼萧胜地这长达 136 公里的战线上，美军士兵被雷鸣似的轰炸声惊醒。炮火在他们的阵地上轰鸣，山摇地动，树木都被炸成了碎片，地上铺着厚约 1.8 米的雪，此时也被炸出了丑陋的黑坑。迫击炮、多管火箭炮、榴弹炮、88 毫米口径和 35 厘米小口径的机关枪同时开火。

美军士兵们爬出睡袋，抓起武器，跳进了战壕。排长和通讯员同时发现电话线都被德军炸毁了。打开广播，里面尽是德军乐队演奏的军乐。

起先，他们都不清楚这是怎么一回事。新兵们甚至以为这是"外发函件"——友好的炮火。连老兵都莫名其妙，先前所报道的德军前线薄弱的武装力量不可能发起如此猛烈的轰炸。曾有报道说，德军的枪支弹药总共只剩两马车了，因此，一名美军军官尖刻地讽刺说："德国鬼子想整死他们的马啊？"大约一个多小时后，火力渐弱，阿登清晨的薄雾呈现出一片可怕的红光。德军打开了巨大的探照灯，强光穿透了薄云，使美军阵地暴露无遗。德军步兵在这"人造的黎明"中身穿迷彩服或白衣向前开进。美军士兵们在散兵坑和掩体里强打精神准备反击。

曾在赫根森林之战中有过 5,000 人员伤亡的美军第 4 步兵师，此刻正处阿登前线南端，老兵们正凭勇气和技巧纵横沙场，一个连的 60 名士兵在艾希特纳赫附近的一个旅馆设置了路障以抵制德军进攻。在第 4 步兵师驻守的前线其他区域，孤立的前哨阵地遭到了德军步兵的包围，无力抵抗，进退两难。

第 4 师的南部紧挨着第 9 装甲师的新兵营，他们是最近才被派到前线的，巡逻和战斗经验极其有限，却要负责防守 4.8 公里长的前沿阵地。不过这一带十分太平，他们的指挥官甚至开始担心士兵们将得不到任何实战经验。16 日清晨，德军朝他们发射了 1,000 枚炮弹，惊醒后，装甲步兵们发现自己面对的几乎是德军一个整师的兵力。敌军经过特殊训练的突击队在浓雾的掩护下，穿沟壑越峡谷，抄近路越过了山林地带。

再往南，沿路城镇和村庄里的美军士兵们也遭到了致命的打击。在赫根森林之战中损失了 6,100 人的第 28 装甲师正固守着他们的阵地，德军的主攻坦克部队包围了他们，并向前方重镇克勒沃克斯和巴斯托尼继续开进。

第 28 师北部的阵地是一座名为艾费尔山地的绵延险峻的山脊，在那里，第 106 师被突如其来的进攻打得不知所措。士兵们 5 天前才被派到前线，毫无作战经验，他们被告知负责防守的区域非常安全，然而此刻，他们却发现自己将为生命而战。所有的人都参加了战斗，文书人员、炊事员、勤务兵一个也没落下，乐队的文艺兵心急火燎地赶往圣维特保卫师指挥部。

在艾费尔山地北部边缘一个 11 公里宽的名为洛舍姆的山坳里，德军横扫了第 14 骑兵团离散的作战单位——附属于第 106 师的一个机械化侦察队。街道上挤满了撤下来的士兵和车辆。许多平民要求部队把他们带走，还有些人急着逃回德国。所有的人都陷入一片混乱和恐慌，忙着逃命。有一名团长把他的队伍交给参谋长，自己躲到后方去了。

阿登地区从第 106 师阵地北部到曼萧的前沿阵地由第 99 装甲师负责防守，这也是一支新兵队伍，他们一个多月前才被派到前线，亦无作战经验。在第 99 师的士兵眼里，12 月 16 日本是一个令人兴奋的日子，一个劳军联合组织的剧团预定于那天上午在师指挥部上映由著名影星马琳·迪特里希主演的电影。

文艺工作者抵达后立即被送到了安全区，而士兵们正在接受血腥炮火的洗礼。在北部前线，士兵们用来复枪向德军步兵展开近距离扫射，许多德国兵死在了美军的散兵坑里。在第 99 师阵地南端的洛舍默格拉本镇上，一名士兵将他的迫击炮垂直竖起，向不到 7.5 米外的德军发射炮弹。附近的美军士兵一次又一次地击退了德军步兵的进攻，但最终还是被德军坦克击败了，许多士兵都被坦克辗死在了他们自己的散兵坑里。

尽管在这 136 公里长的防线上，所有的美军将士都殊死搏斗着，但由于通讯系统受到了全面的破坏，他们大都认为德军的进攻只是局部的，因此导致作战部队四分五裂，师被分割成团，团被分割成营，营被分割成连，指挥官们基本上搞不清战况的发展态势。这种状况直到后来无线电通讯恢复正常才告终结。

高层指挥部了解的情况甚至比孤立的作战单位还少。德军发动进攻后 4 个小时，第 12 集团军总指挥布莱德雷将军还驱车前往卢森堡公国首都参加盟军总司令艾森豪威尔上将召开的一个会议，而对德军在不到 32 公里的区域内发动的突然袭击一无所知。

在设于斯巴胜地，距前线 48 公里的第 1 军司令部里，霍奇斯将军承认："前沿阵地情况的易变性和不明朗性令我军举棋不定。"在那附近的欧本，第 5 集团军总指挥伦纳德·格鲁将军愤怒且不解地质问他的一名参谋："那些德国杂种们到底想干吗？"

No.2 洛希姆缺口

美军第 99 步兵师师长沃尔特·劳尔少将刚接到第 394 团的电话，报告他们团遭到敌人的进攻，又收到第 14 骑兵群指挥官马克·迪瓦因上校的告急电，他的两个中队也受到了德军的攻击。

　　第 14 骑兵群不隶属于第 99 步兵师，他是米德尔顿第 8 军的部队，但是其阵地位于第 99 步兵师的南翼，于是在遭到攻击后，便向友邻救助。

　　这个骑兵群只有两个中队，即第 18、第 32 中队，却防守着长达数公里的正面阵地，该部防御的地域正是洛希姆缺口。这里有一条极其重要的公路，是德军的主要突破地段之一。担负突破该地段任务的是德军第 3 伞兵师和第 18 人民掷弹兵师的第 294、第 295 团。

　　美军第 18 中队驻守的地段有一个名叫克里温克尔的小镇，正扼公路的交叉路口，地理位置十分重要。

　　12 月 16 日清晨，至少有两架敌轰炸机从这个地区飞过，投下了许多杀伤弹。之后就是德军炮火向这个地区的密集射击，德军的排炮很快便使驻守在克里温克尔重镇的 C 连 3 排与前

▼ 德军士兵从被击毁的美军吉普车前经过。

哨警戒阵地失去了联系。防守部队迅速进入镇子周围的阵地。

德军排炮射击减弱整整半个小时后，美军士兵才看到第一批敌军。德军从东北、东、东南三个方向向镇子进攻，主攻的一路是沿着东边的施内艾弗尔那条路上来的。美军士兵们惊异地看到，德军毫无顾忌地呈纵队沿着道路前进，他们四五个人一排，有的在聊天，有的在吹口哨，有的还唱歌。

美军等待着，直到毫无警觉的德国第3伞兵师的部队距离最外层的带刺铁丝网约20米时，军官才发出了射击信号。自动武器突然而密集的火力给前进中的德军部队造成了沉重打击，一下子把他们打散了。

德军有一个班立即从纵队里冲了出来，企图剪开铁丝网，但被预挂好的饵雷全部消灭。随后，德军一个3人迫击炮组在2个步枪手的掩护下，从纵队的右边跑了出来，开始架炮。随后是一阵激烈的枪战，不时有手榴弹的爆炸声夹杂其中。由于驻守镇子的美军与进攻的德军相比数量太少了，不久就有大约50名德国兵从东面进攻了美军在克里温克尔镇的防御阵地。

到6时15分，德军喊话了："投降吧，美国人！你们被包围了！"

德军的每一次喊话都得到密集机枪火力的回敬。在防御阵地北段，美军3挺机枪占据了理想的位置，从那里可以射击德军的必经之地——留有积雪的山脊。德军一冒出山脊，就露出黑影，白皑皑的雪地上的这些黑影正是美军可以准确射击的活靶子。

早上7时，德军的第二轮密集炮火落在守军的阵地上，而且平射炮击更为猛烈。一发平射炮弹打中了位于镇子里的炮兵营观测所，炸伤了观测员的右腿和右脚。

这次炮击持续了20分钟后，德军又重新向小镇发动了进攻。在进攻的同时，德军还对美军的无线电进行干扰。大约在同一时刻，从东边开来了更多的德军。美军从野战望远镜里可以看出德军穿着雪地伪装服，扛着自行车，步枪挎在右肩上，显然他们是自行车部队。

此时，德军的自行火炮以更加准确的炮火打到了美军指挥所和炮兵观测所。美军一直顽强地抵抗着德军的进攻，在镇子北面和东面入口处，躺着大约200具德军尸体。

德军很快改变了战术。上午8时许，德军坦克从树林开出，爬上通往奥乌的公路，完全绕过了第18中队的阵地，从背后迂回过来。形势一下子严峻起来，迪瓦因见援军未到，劳尔又无力相助，担心第一道阵地的守军会被围歼，遂下令放弃克里温克尔后撤。洛希姆缺口失陷了。

随着洛希姆缺口的失陷，美军的这两个步兵团就被德军包围在施内－艾费尔。在这里进攻的德军并没有如北路一样拥有压倒性的兵力优势，但居然成功的使用钳形战术包围第106师的两个团（第422和423团）并迫使他们投降，这要归功于曼陀菲尔成功运用了他的新战术。

12 月 16 日上午，德军第 5 装甲军团的右翼部队第 66 军，作了一个迅速的突破。这个在艾费尔山地中的地段是由新到的美军第 106 步兵师加上第 14 骑兵群所防守的，它掩护着通往交通要道圣维特的通路。但到 17 日，德军即成功地用一个钳形运动包围了第 106 师的两个团，并且迫使 7,000 人以上投降。这也就是曼陀菲尔新战术的使用成果。只有在曼陀菲尔的地段中，由每师挑出的精英所组成的突击营在炮击之前就先渗透到美军阵地之内。

对美国陆军而言，参与阿登战役的美国部队人数与敌军人数皆超过美国在"二战"前经历过的任何冲突。美国陆军官方历史写道："至少 7,000 人被损失在这里，实际数字可能接近 8,000 或 9,000。损失的武器和装备的总数，当然，也是非常惨重，因此施内－艾费尔之役代表的是美国在 1944－1945 年欧洲战区损失最严重的挫败。"这是美军在欧洲战场上遭到的最严重失败，一切似乎预示着希特勒的计划将要成功。

由于战役发起突然，盟军统帅部直到当天下午才知道德军发起反攻的消息。次日黄昏，德军的先头部队已突入比利时境内 30 多公里，到达了霍奇斯将军的美国第 1 集团军司令部附近。

密集的大炮对几乎所有的美军阵地猛轰，美军遭到突然袭击，损失很大，未能组织抵抗就纷纷退却。18 日，曼陀菲尔第 5 装甲集团军的先锋第 47 装甲军进抵公路交通枢纽巴斯托尼。但第 47 装甲军只留下了第 26 人民掷弹兵师攻打巴斯托尼，第 2 装甲师和装甲教导师却绕道前行，错过了不费力气占领巴斯托尼的机会；右路进攻的迪特里希党卫军第 6 装甲集团军也抵达昂布莱夫河上的一个渡口，挺进约 50 公里，其先头纵队"派佩尔战斗队"抵达并占领了马斯河渡口。

然而，这支纵队在斯塔沃格市过夜时，对近在咫尺的存有 200 万加仑汽油的美军的大燃料库及重要桥梁竟漠然视之，以致美军增援部队利用其设置障碍（燃烧汽油、炸毁桥梁），阻住了德军前进的道路。左路布兰登堡第 7 集团军所辖的 4 个师均渡过奥尔河，其中第 5 伞兵师突至 19 公里处的维尔茨，在南侧为中路部队建起了一道壁垒，小有进展。至 12 月 20 日，德军的进攻部队已形成一支宽约 100 公里、纵深 30－50 公里的突出部，并继续向前推进。

▲ 被德军围困而投降的美军官兵。

◀ 行进中的美军部队。

▶ 面对德军的进攻，美军进行了有限抵抗。

No.3 艰难阻击

在美军防御的南线，德国第 5 装甲集团军的主攻方向则指向美军第 28 师。这个师的外号叫"拱顶石狮"，他的防线位于美军第 106 师以南。

11 月中旬，该师在休特根森林作战中曾遭到重大损失。那次作战之后，它被调到这个平静的地段进行休整。如今，经过补充新兵，它的兵力已接近满员，士气很高。

但是，与美军第 8 军其他的几个师一样，它的防线也同样太漫长了，师长诺曼·科塔少将不得不把他的步兵团在漫长的防线上从北向南依次部署开：北面是第 112 步兵团，中间是第 110 步兵团，南面是第 109 步兵团。

北面的第 112 步兵团的一部分兵力部署在德国领土上，其阵地位于乌尔河以东，左翼与美军第 106 师的第 424 团相连接。这两个团共同防守乌尔河上的一座桥头堡，过桥头堡可到奥伦附近的两座大桥的支撑。而对面的德国第 58 装甲军军长克卢格将军极想占领这两座桥。

在奥伦的南面，第 112 步兵团的防线从乌尔河以西延伸到与富勒上校指挥的第 110 步兵团相连接的地方。位于中间的第 110 步兵团守卫一条与"地平线大道"相平行的防线，铺开大约有 16 公里长。一个步兵团守卫这么长的防线确实"过于漫长"了，沿着"地平线大道"在这个团的支撑点之间步行，可以走 4 个小时而遇不到任何部队，这即使在对防线漫长已司

空见惯的第 8 军里也显得十分突出。况且，这个团的一个营还作为师的预备队，部署在这条防线后面大约 15 公里处。唯一值得欣慰的是，由于这一地区是覆盖着茂密森林的山地，因此，德军必须攻克美军的那些支撑点后，才能使用大部队特别是装甲部队来实施大规模的进攻。

位于南面的第 109 步兵团则部署在有利的防御地形上，它占据了一个相对狭小的防御地段。在美军第 28 师的对面，德军计划使用第 58 军和第 47 装甲军整整两个军的兵力，其中德军第 47 装甲军下辖第 26 人民掷弹兵师、第 2 装甲师和莱尔装甲师。对美军第 28 师来说，1 个师对德军两个军，兵力对比确实太悬殊了。更为不利的是，德军主攻的地段恰恰选择在这个美军防线最漫长、面防最为稀疏的第 110 团防守地段内。

12 月 16 日一早，第 110 步兵团同阿登战线其他美军部队一样进入戒备状态。驻扎在霍辛根村支撑点的 K 连照老习惯在村镇的水塔上面设置了一个观察哨。这个观察哨一直没有发现什么令人不安的情况。到了清晨 5 时 30 分，情况发生了急剧变化，观察哨后方报告说，整个德军战线出现了许许多多的"亮点"。话音刚落，德军的第一批炮弹就落了下来，有线电话马上遭到破坏。

德军的炮火准备持续了 45 分钟，尔后，断断续续的轰击一直没停。霍辛根村有几幢房子被击中着了火，K 连报告说，火光把整个镇子都映红了。

美军很快便发现，在炮火准备尚未开始之前，德军第26人民掷弹兵师的部队就已经渡过了乌尔河，现已到达离美军阵地很近的地方。于是前线所有部队都与德军展开殊死的搏斗。

位于克勒夫镇的团长富勒上校同他的两个前线营失去了无线电通讯联系。这两个营很快派人来向他报告了前线的情况。开始他不太相信，但到上午9时，他终于明白从美军阵地中间穿插进来的不是德军的小股部队，而是富有进攻力量的德军重兵。德军的穿插已经使这些美军连队几乎一个一个地被孤立和包围了起来。

在南面的第3营防区，驻在霍尔茨图姆的L连根本无法出动去支援I连或K连；在第1营的防区，位于蒙绍森的C连同样无法进行机动。这些作为"预备队"的连队和部署在"地平线大道"的前线连队几乎同时遭到了德军的打击。

随着时间一分一秒地过去，在霍辛根地区进攻的德军第26人民掷弹兵师干脆绕过了该镇。德军先头部队很快就向西穿插了二三英里，抵达位于布克霍尔茨的美军炮兵阵地。尽管这一天第110步兵团作出了很大努力，美军部队还是被迫退守到他们据守的那些小镇里。

在黄昏时分，第110步兵团还发现德国第2装甲师也出现在本团的防区内，随后这个德军装甲师又出现在克勒夫至巴斯托尼公路上。可是，德国第2装甲师未能在12月16日抵达克勒夫，甚至连马纳赫也仍在美军的手中。德军遭受了严重的损失，第304团团长受了伤。美国几个坦克排进行的几次零星的反攻把德军的一个营驱赶得四散逃窜。

天黑前不久，德军第47装甲军军长吕特维茨在乌尔河的杰蒙特和达斯堡建成了两座桥梁，这两座桥梁是这位军长最急需的。他与北面的德军第58装甲军军长克卢格不同，克卢格在奥伦有两座现存的永久式桥梁等着他，而吕特维茨则必须在河对岸美军防区占领了足够的地方之后再来建造自己的桥梁。桥建好之后，德军的数百辆"虎"式坦克开了过去，潮水般地涌进美国第110步兵团防区内越撕越大的缺口。

在第28师第110步兵团的北面，第112步兵团防守着相对狭窄的地段。尽管到12月16日日终时团的预备队已全部投入了战斗，并且各个阵地已被大批德军所渗透，但是第112步兵团守住了阵地，尤其是奥伦附近的几座桥梁在这一整天里仍在美军手里。这个团使德军第116装甲师付出了很大的代价，全团击毙德军400多人，俘虏德军89人。

当然，他们知道，德军将继续以密集的队形向他们团的阵地发动进攻。他们最担心的是，德军对他们南面的第110步兵团的渗透，将会切断他们与其他部队的联系。

在第28师第110步兵团的南面，第109步兵团同样也打得很艰苦。尽管防御正面比较窄，而且地形有利，可是当这一天结束时，该团也同样投入了预备队，并遭受了德军大批部队的穿插和渗透。

▲ 德军伞兵突击队员。

CHAPTER FOUR

第四章

特种作战

在11月，我们进行了紧张的训练，整天需要面对美军的军装、美元、英镑以及各种新的身份证件。我们上交了所有关于个人真实身份的物品，这些物品被送到后方保存。

——德军第11装甲团4营指挥官德赖尔中尉

No.1 "鹰"行动

什么样的部队才能算得上真正的特种部队呢？使用特殊的武器，在特殊的地点，运用特殊的手段进行作战的部队。大家看得到这是一个非常笼统的概念，笼统到所有非常规作战的武装行动部队，都可以称之为特种部队。第二次世界大战之中，能够称得上是完美的特种作战的要算是德国人。第一次是入侵苏台德、奥地利包括波兰在内的各个国家。他们在战争初期，全都遭受到德国"第五纵队"的打击。在第二次世界大战末期，德国在阿登地区发动的反击战。其中关于特种作战的亮点，就是伞降到美军后方，对通讯、指挥、交通大肆破坏的武装小队。他们的所作所为使美军在开战初期不但因为通讯失灵变成了聋子、瞎子，而且部队因为踏上错误的道路，而给德国人让开了道路。就是这一支穿着美国军装，说着英语的家伙，迫使100万美国大兵玩起了猫捉老鼠的游戏。四处设置的、由宪兵把守的关卡，已经不是看证件或者说看军牌来辨识身份。为了分辨，美军不得不拿出那些只有在美国长大的人，才能够懂得的事情来辨识。在这种误差极大、工作量极大的辨识下，最终总算是抓住了对方。

为配合德军大部队的行动，德军统帅部计划在正式进攻前一天的夜里使用伞兵部队，空降到美军后方占据一个桥头堡，一来切断美军地面交通、阻击其增援部队，二来在美军后方制造混乱，接应正面进攻的大部队。此次行动代号为"鹰"，这是德军在"二战"中进行的最后一次空降作战。

12月初，德军统帅部任命伞兵部队中久经沙场的冯·德·海特上校指挥"鹰"行动。"二战"初期，德国伞兵从天而降，出其不意地发动了多次奇袭：在丹麦和挪威谱写历史上第一次大规模空降作战的篇章；空降攻占所有荷兰机场，为德军迅速占领荷兰提供保证；突袭比利时埃本·埃马尔要塞创下二战中最大胆空降行动的纪录；克里特岛战役被算作"二战"中唯一一次以伞兵部队为主实施的攻坚战。这些空降作战为德军"闪电战"的胜利提供了重要保障。

"二战"中后期，由于希特勒以伞兵空降作战伤亡过大为由禁止进行空降作战，德国伞兵被当做普通步兵投入地面战斗。因此，海特上校在接到这次久违的空降任务后心中十分激动，他将"鹰"行动视为重振德国伞兵威望的荣誉之战。

海特立即着手，东拼西凑，组建了一支1,200人的伞兵突击队。连年的征战使有空降经验的老兵损失殆尽，他只得在严重缺员的第2空降军中勉强找到了一些军官和士官，但招集的伞兵大都是刚刚经过训练的新兵。再加上冬季阿登山区的恶劣天气、夜间空降的难度较大以及运输机驾驶员经验不足，使得准确进行空降成为一大难题。为此，海特想出了一个办法：在空降地区先由轰炸机投下燃烧弹指示位置；从出发机场到空降地区一路上由地面探照灯指

示航线，没有探照灯的地方用高射炮发射曳光弹加以指示；伞兵空降时由运输机投放照明弹，确保伞兵准确着陆。

12月9日，海特的伞兵突击队在阿尔屯集结进行空降前的准备。12日，他们接到了具体作战任务：16日3时，在德军正面部队发起主攻前，在党卫军第6装甲集团军进攻方向上的巴拉格米奇尔地区空降，夺取并扼守当地的公路交叉点，接应正面进攻部队。由90架容克－52型运输机担任空中输送，出发机场为德国境内的帕德博恩和利普施塔机场。

15日夜里，因为部分负责运送伞兵突击队的卡车没有及时赶到，致使半数伞兵未能按计划准时到达出发机场，"鹰"行动被迫推迟。16日拂晓，德军B集团军群兵分三路，向美军发起进攻，第1梯队的装甲师当即突破了美军防线。原本担心就此无事可做的海特在16日下午接到急令，党卫军第6装甲集团军在进攻中突然受阻，伞兵突击队按原计划空降接应。

17日零时30分，运载伞兵突击队第1批10架容克－52型运输机起飞，在地面探照灯和高射炮的引导下，于3时到达预定地区上空并进行伞降。但在第1批运输机过后，沿线的探照灯关闭，高射炮也停止发射曳光弹，导致其后的几批运输机失去引导而偏离航线。其中部分飞至盟军高射炮防区上空，遭遇密集炮火拦截，被击落10架。其余运输机队形散乱，加上阿登上空的风速超过每秒6米，大约200名德国伞兵在着陆后发现自己身处远离目标50公里以外的波恩（Bonn）。最终到达目标地区的只有450人。

海特随首批运输机准确降落到巴拉格米奇尔，到 17 日上午 8 时，他只集合到 150 人和一门迫击炮。由于人数太少，海特命令部队隐蔽进树林，等待其他伞兵前来。这天夜里，其余 300 人终于先后赶到，但所有通信兵和无线电台都在后续空降时不知去向。在无法同指挥部取得联系的情况下，海特仍然决定攻下原定目标。于是，400 多名德国伞兵在海特的指挥下，用 FG － 42 伞兵步枪和 MP － 40 冲锋枪杀入巴拉格米奇尔公路交叉点附近的美军驻地，将对方打得措手不及。

到 18 日晨，巴拉格米奇尔公路交叉点已经完全处在德国伞兵的控制之中。巧合的是被袭击的是美军第 101 空降师的一个连，其中有 40 多人被德军俘虏。但战斗中同样有不少德国伞兵受伤，由于没有任何药品，他们生命垂危。为了给这些伤员一线生机，海特叫来了被俘的美军，要求他们将德军伤员带回美军阵地并给予治疗。

在释放美军战俘时，海特特意给美军第 101 空降师师长泰勒将军写了一封信。信中写道："阁下曾与我指挥部队在诺曼底的卡朗坦地区交过手，从那时起我便得知您是一位勇敢、豪爽的将军。现在我把抓到的贵军战俘全部奉还，同时还将我们的伤员交给您。如果您能给予他们急需的治疗，我将不胜感激！"泰勒将军后来果然妥善安置了那些德军伤员，即使是处于德军重兵包围的危急关头，美军第 101 空降师的医护所依然为他们提供了细心的医护。

海特十分清楚，在放回美军战俘的同时，必然招来美军的大举反攻，他命令部下立即在美军驻地和公路两侧的树林中布防。几小时后，赶往增援巴斯托尼的美军第 101 空降师部队向海特他们发起了进攻。于是，在阿登战役初期德军大举进攻时，在主战场以外的巴拉格米奇尔，一支德国伞兵部队却面临着数倍于己的美军的进攻。由于此处是通往巴斯托尼的必经之路，美军的攻势相当凶猛。公路两侧的地区几经易手，遍地是双方阵亡官兵的尸体。

战斗进行到 19 日，海特身边只剩下不到 200 人，而且弹药和口粮即将耗尽。正面进攻的党卫军第 6 装甲集团军仍未赶到，海特预感到这次由元首下令发动的反击前景不妙。

20 日，海特被迫作出决定，主动放弃巴拉格米奇尔公路交叉点，将剩余部下分散转移，向东撤回 13 公里外的德军防线。然而，许多德国伞兵在转移途中迷失方向，先后被美军歼灭或俘虏。

21 日，在美军的追击下，与海特随行的卫兵们纷纷中弹而亡，只剩下受伤的海特独自一人逃进了蒙绍镇，躲在一所民宅内。

22 日早上，美军开始在蒙绍镇大举搜查，毫无抵抗能力的海特把自己的银质伞兵突击奖章送给了镇里的一个小男孩，让他给美军带口信说自己准备投降。当天中午，美军前来将海特上校带走。

至此，"二战"德国伞兵的最后一次空降作战"鹰"行动以彻底失败而告终。一个月后，德军在阿登的反击被盟军击退，所有进攻部队全部被赶回到反击前的出发阵地上。欧洲的上空此后再也没有出现过曾经所向无敌的德国伞兵，阿登战役中的"鹰"行动成为纳粹德国伞兵的绝唱，只剩下鹰徽标志向人们表述着德国伞兵拥有过的荣耀，以及他们曾经作战过的地方：纳尔维克、埃本·埃马尔、科林斯、克里特……

No.2 斯科尔兹内

斯科尔兹内无疑是纳粹德国，也许是"二战"期间最有传奇色彩的一个特种兵，他在1943年营救墨索里尼的大胆计划中一举成名，而后在南斯拉夫清剿铁托的游击队战斗中和绑架匈牙利独裁者霍尔蒂的行动中留下自己的身影。阿登战役的格里芬计划虽然没有成功，但是它造成的混乱和对后来战争中特种作战方式的影响是极其深远的。

斯科尔兹内策划的而没有实施的计划还有空降突袭苏联的钢铁生产基地和企图绑架法国维希政府首脑贝当，尽管计划最终没有执行，但就其匪夷所思的大胆和冒险，的确让后人咋舌。

1908年6月12日，斯科尔兹内出生于维也纳。他的祖先是斯拉夫民族人，父亲是位工程师，家庭也算富裕。但是"一战"后经济低迷、物价飞涨，斯科尔兹内家像当时许多奥地利家庭一样靠国际红十字会的救济物资才勉强活下来。面对如此困窘的局面，老斯科尔兹内不断地鼓励儿子趁此逆境锻炼自己的身心和意志。父亲的口头禅"贫困的生活并不会危害人，

▲ 意大利法西斯头子墨索里尼。

最可悲的是不能适应逆境"对正在成长中的少年斯科尔兹内影响甚大，有益于他坚韧性格的养成。

1926年，年已18岁、身高1.92米的强壮小伙子斯科尔兹内在父亲的影响下进入维也纳大学学习工程学，成为一名高材生。当时奥地利的大学击剑决斗的传统已经延续了一个半世纪，深受其影响的斯科尔兹内也自然而然地参加了决斗社团，并成为其热心会员，与同学们一起集结到维也纳郊外的饭店举行决斗仪式，然后再大杯地喝啤酒。整个大学期间斯科尔兹内先后14次参加决斗，其中第10次在其左颊上留下了一道明显的剑伤，被称为"荣誉之疤'，这也成了他最具特点的个人标志。后来，盟军士兵据此给他起了一个形象而又响当当的外号——"刀疤脸"。

同时，这些决斗使他能够临危不惧。据他后来自称，"即使在烽火弥天的大战之中，我仍能够泰然自若，毫不感到惊慌，""有如持剑决斗一样，在混乱的战争中，痛击敌人的话是非集中精神不可的，我们不能为了闪避敌人而浪费时间，必须牢牢地抓住目标，然后全力向它痛击。"这堪称他一生心态的真实写照和行为的最佳诠释。

1943年，意大利发生一场军事政变。7月25日，反墨派首领之一、前意大利驻英大使和外长格兰第伯爵秘密串通了几位法西斯元老，以及墨索里尼的女婿、外长齐亚诺伯爵、大部分内阁成员在法西斯最高委员会会议上通过了一项决议案，要求墨索里尼将最高国务决策权和军队的指挥权奉还给国王。上午10点，国王埃曼纽尔三世召见墨索里尼，宣布解除他的一切军政职务，由巴多格里奥元帅接替他。当会见结束后墨索里尼就被拘禁。

墨索里尼下台的消息立即传到了柏林，希特勒非常震怒。意大利的倒戈无疑将在德国的南翼"软腹部"撕开一个大缺口。为此希特勒一面下令德军迅速采取行动占领意大利（虽然从法律意义上说此时的意大利仍是德国的盟国），解除意军武装，一面命总参谋部迅速制定了代号为"橡树"的行动，组织突击队，救出墨索里尼，使之重掌意大利政权并继续为法西斯效命。

7月25日下午，斯科尔兹内正与维也纳时代的老友在柏林最豪华的阿德隆酒店举行聚会活动，留在司令部的女秘书突然打来电话，用高昂的声调说"队长！元首正在大本营里等你哩！一架飞机正停留在坦普尔霍夫机场，准备于下午5点载你起飞哩！"在这之前，大本营从未召见过特种部队的任何成员。当天深夜，斯科尔兹内就乘飞机赶到了拉斯滕堡的大本营，但是一直等到29日才受到希特勒的接见。与他一同接受召见的还有其他5位军官，希特勒进来后问他们："哪位熟悉意大利？"只有斯科尔兹内一人答道："我熟悉！我曾经到过意大利两次，骑着摩托车一直跑到那不勒斯。"希特勒点了点头。

"我要问各位一个问题。你们认为意大利人如何？"接受召见的军官按照军衔高低一个个回答希特勒的问题，有的说"是轴心国的朋友"，有的说"是反共产国际条约的伙伴"，有的说"是自己人"，而斯科尔兹内却回答说"我是奥地利人！"他认为这一句话就足够了。因为他知道希特勒也是奥地利人，对"一战"以后意大利夺去奥地利领土南提罗尔一定有与他相同的感慨。希特勒好像马上醒悟了似的，两眼盯着他说："斯科尔兹内上尉留下，其他人可以走了。"随后，希特勒向斯科尔兹内讲述了刚刚在意大利发生的政变，命令他负责"橡树行动"，并且告知他伞兵部队司令斯图登特将军将配合其完成任务，随时为其提供兵员、飞机及所需要的一切。

第二天，斯科尔兹内及其副手拉德尔带领若干"弗雷登塔尔"突击队员飞抵罗马，开始着手解决该行动的首要问题——查明墨索里尼的去向。

墨索里尼被捕后，先被押到科因奇诺·塞拉大街的宪兵兵营。此时意大利新首相巴多格里奥已开始与盟国进行接触，寻求停战，而盟国提出的停战条件之一就是拘捕墨索里尼。于是他以"罗马周围地区不安全"为由，密令将墨索里尼秘密转移到那不勒斯西边加埃塔湾内的蓬察岛上一座关押政治犯的监狱里。7月27日，墨索里尼被塞进汽车运到了加埃塔，次日乘船抵达蓬察岛。

斯科尔兹内受命营救墨索里尼后，于7月26日乘飞机抵达罗马。几天后拉德尔带着从第7空降团1营挑选出来的60名伞兵和10名谍报专家也赶到了罗马，准备开始营救工作。但是罗马市内关于墨索里尼的下落众说纷纭，都不可信，斯科尔兹内了解到的只是他被带出宫后用救护车送到什么地方去了。那时德国人都认为即使墨索里尼被诱拐到什么地方，意大利人仍会信守轴心国盟约的规定，继续与盟国作战。由于抱有这样的想法，斯科尔兹内一行在寻找消失的法西斯领袖时仍然显得轻松自在，结果营救部队经过3个星期的打探仍然没有一点线索。就在绝望之时，斯科尔兹内突然从以前认识的一个水果商人那里探听到了一条有用的情报。

这个水果商人家在加埃塔湾附近的一个小镇，据他说该地一个大主顾家的女佣和蓬察岛上看押政治犯的一个警察订了婚，他们最近已经有两三周没有约会了。斯科尔兹内从这一情况推断岛上可能突然关进了什么重要的政治人物。几天以后，他又从一位年轻的意大利海军军官那里获得了进一步核实的情报，这位军官说他亲眼看见自己服役的猎潜艇搭载着墨索里尼从拉斯佩齐亚军港驶到了蓬察岛。情况上报后，斯科尔兹内很快便接到希特勒的命令"搭乘意大利巡洋舰（当时德国在地中海没巡洋舰可派），救出被监禁的人！"战后斯科尔兹内这样回忆当时他的感觉："这项任务足足烦了我24小时。在意大利船员死盯着我们的眼皮底下，我如何去救出墨索里尼？"

▲ 墨索里尼在德军伞兵的簇拥下走出被囚禁地。

这个难题次日就解决了。当天德国人获得了新的情报：意大利政府怕德国人来解救墨索里尼，早在 8 月 6 日便将其转移到了撒丁岛，先是将其幽禁在岛北端的一个小村子里，然后转到了距撒丁岛 5 公里、有强兵把守的海军基地玛达莱娜岛，囚禁在一座叫科隆山庄的公馆里。斯科尔兹内迅速核实了这一最新情报，由于科隆山庄由地面部队的重型火力严密把守，他计划避开正面攻击，用伞兵袭击的方式实施营救。

8 月 18 日，斯科尔兹内带着手下乘坐 He－111 飞机出发，但是他们在撒丁岛上空遭到两架英国巡逻战斗机的截击，因左发动机停转在海面上迫降。机上人员虽然都幸免于难，但斯科尔兹内却被撞断了 3 根肋骨。所幸他们不久被一艘意大利船救起，具有讽刺意味的是，这艘船偏偏是意大利政府派来警戒海面、执行保护墨索里尼的任务的。幸好他们认为这些"落水者"仅是德军派往地中海同盟军作战的人员，压根没有怀疑他们与营救墨索里尼有关。他们热情地给他提供了干净衣服并送他们在撒丁岛上岸。受伤的斯科尔兹内无法继续指挥营救，伞兵也无法空降，第二次营救计划再次告吹。

斯科尔兹内是"不到黄河心不死"的人。他带着断掉的肋骨返回柏林，并立即当面向希特勒提出一个大胆的营救方案——对玛达莱娜岛的港口发起海上突击：先派一艘德国军舰"礼节性访问"玛达莱娜岛，然后派出一支 R 艇（高速扫雷艇）小舰队进港停泊。翌日清晨，载有突击队员的 R 艇在港内德舰的支援下冲向栈桥，让队员上岸，在舰炮支援下冲向科隆山庄，守卫这里的意大利军人势必被德国人的突然袭击吓得抱头鼠窜，无法抵抗。

希特勒立即为这一冒险行动打开了绿灯，但最后告诫他："意大利还是德国的盟邦，从国家的角度而言，不可侵犯意大利的主权。这次尝试如能成功，你将会受到赞赏，倘若失败则会招致谴责，那时便容不得你辩解，我将不得不解除你的职务。"希特勒已经豁出去了，把所有的利害关系都给斯科尔兹内讲清楚了：营救成功，功劳是你的；一旦失败，你就是替罪羊！

8 月 28 日，斯科尔兹内又带着手下返回玛达莱娜岛，准备次日展开营救。他们在科隆山庄附近的一个洗衣店意外地碰到了一个科隆山庄的看守，于是用话套他，说："听说墨索里尼好像死了？"看守一本正经地告诉他"不，他没有死，今天早晨我刚看见了他。他坐着一架白色的水上飞机飞走了。"这一消息令他大失所望，袭击计划又落了空。几天后，斯图登特将军在访问设在距罗马约 51 公里的布拉齐亚诺空军基地时，偶然听到该部队指挥官说起："不久前有过一次空袭警报，其间一架白色水上飞机在这里降落。有几个人从飞机下来，然后被一辆救护车带走。"斯图登特知道，看守墨索里尼的意大利卫兵每次打算将其转移之前，都会拉响一次假的空袭警报，因此他很有可能再次被转移至大陆，但是在什么地方？追踪似乎陷入了僵局，此时斯科尔兹内等人跟踪着墨索里尼的足迹，已几乎走遍了意大利半岛。

　　9月初的一天，终于有了新的线索。德军情报人员截获了一封发给意大利内政部的内容是"大萨索山附近的警卫部队布置完毕"的电文，发信者是古易利。此人是意大利警方的一名将军，一向负责墨索里尼的安全保卫。

　　斯科尔兹内的目光立即转向了罗马东北约160公里的大萨索。这里是亚平宁山脉的最高峰，战争爆发前夕有一个意大利人在海拔2,000米的半山腰处修建了一处冬季滑雪旅游地，山上建有一座饭店，名叫坎波·因帕莱塔。墨索里尼很有可能就拘禁于此饭店内。因为饭店建于"二战"爆发前不久，在所有军事地图上都没有标注，唯一的信息来源是一家罗马旅游公司提供的已过时的假日滑雪手册。斯科尔兹内与副官拉德尔立即开始驾机空中侦察，发现饭店十分巧妙地修建在一个陡峭的悬崖顶部，交通极为不便，只有一条缆车与下方100多米外的山谷相连，饭店周围约有250名士兵把守，通往这个山区地带的每条道路都被意大利军队封锁着。如果派遣地面部队由下往上攻打，需要1个师的兵力，而且其间墨索里尼有可能被看守他的士兵杀掉。

　　9月8日，意大利向盟军投降，驻扎在那里的德军迅速解除了昔日盟友的武装，成了意大利的主宰者。同一天，斯科尔兹内乘坐一架He－111侦察机再次在大萨索山地区进行空中侦察，从拍摄得很不清楚的照片上发现饭店后方有一小块三角形平地。斯科尔兹内立即提出了一个大胆的方案：用12架滑翔机，每架运载10名突击队员（包括驾驶员在内）从天而降，以这块三角地为降落点，强攻饭店并救出墨索里尼，并以同样方式让突击队员在山谷一带降落，攻占缆车站台，阻止意军向山顶增援，然后将墨索里尼送到山脉低地的阿奎拉机场，在那里换机送往希特勒的统帅部。

　　营救计划报到斯图登特将军处，这位久经沙场的老将见了也不禁暗暗吃惊，但还是调来已在意大利作战的第1伞兵师第7团1个营为攻击提供兵力。该营的两个连通过公路到达大萨索山，并占领下面山谷里的缆车站，第3连则将乘滑翔机降落并攻打饭店。斯图登特为此立即命令将第1滑翔机联队第3大队从位于法国南部的基地调来。在用以执行任务的12架DFS－230突击滑翔机中，每架都可以运载9名全副武装的伞兵，这样共可运送108名士兵，相当于饭店守军的2/3。在斯图登特看来，突然袭击的战术以及德军更具优势的火力完全可以弥补人员上的不足。最终拍板由斯科尔兹内带队在饭店里寻找墨索里尼，伞兵负责压制守军。斯图登特将3号和4号滑翔机分配给斯科尔兹内和他的手下。

　　在行动开始前的一天夜里，斯科尔兹内召集队员们说"这次行动充满危险，随时可能丧生。如果你们当中有人不愿参加，可以离开，我绝不会对此做任何记录，也不会因此而蔑视你们。"结果队员无一退出。

　　行动计划于 9 月 12 日开始。上午 11 点整，从法国飞来的第一队滑翔机到达机场，Hs－126 牵引飞机很快便注满了燃料，滑翔机队排好顺序准备起飞，然而 12 时机场上空却响起了空袭警报，一队美国 B－25 轰炸机掠过机场上空，投下了 10 多枚炸弹。值得庆幸的是地面上的飞机没有一架受损。除最后起飞的 11、12 号滑翔机撞毁在跑道上的弹坑里外，其余滑翔机都顺利升空。

　　然而，牵引 1、2 号滑翔机的两架飞机在浓雾和厚云层中迷失了方向，不得不半途返回，这样斯科尔兹内乘坐的 3 号滑翔机成了领航机。约 1 小时后，机群抵达预定地区，斯科尔兹内命令滑翔机与牵引机脱钩，8 架滑翔机开始从 3,600 米高空下降，在距地面约 1,000 米时，兵分两路扑向各自的目标。就在即将着陆时，驾驶员发现事先选定的这块三角地上不仅布满了石头，而且坡度也比以前估计的大！但铁了心的斯科尔兹内还是催逼驾驶员将沉重的滑翔机向左急转，并再次打开减速火箭，迅速降低高度，朝着饭店方向落下去，终于在距饭店大门台阶仅 40 米的地方停了下来。

　　斯科尔兹内指挥部下迅速制服了饭店周围早已被从天而降的袭击者惊呆的意大利卫兵，随后向饭店冲去。当其他滑翔机陆续降落时，斯科尔兹内那一组人员已带着冲锋枪冲进饭店，首先制服了饭店内的无线电通讯员，用枪托将无线通讯设备砸坏。饭店里的意大利卫兵乱作一团，随着更多突击队员的拥入，意军举手投降。随后，斯科尔兹内直奔关押墨索里尼的房间。在墨索里尼的劝说下，房间内负责看管他的两名意大利军官也没有反抗便举手投降了。整个营救过程非常迅速，从第一架滑翔机（3 号机）着陆到控制饭店只用了 4 分钟，且几乎没有遭遇任何抵抗，未开一枪便救出了墨索里尼。墨索里尼紧紧地抱住斯科尔兹内，声音哽咽地说："我知道我的老朋友希特勒没有抛弃我！"

　　救出墨索里尼后，接下来的任务是将其安全送走。缆车站已经被德军占领，但山谷对面仍有大批意军防守，无法突围下山。由于所有的无线电装置都被破坏，他们也无法与已占领罗马的德军联系，从而无法知道德军是否已经占领阿奎拉机场。作为备用方案，斯科尔兹内在行动前曾安排一架 Hs－126 飞机负责带墨索里尼离开，但该机着陆时受损，机上燃油漏光，无法再起飞。到此时所有的希望都寄托在正在饭店上空盘旋侦察的一架小型单发菲斯勒"鹤"式侦察机上，这架飞机是斯图登特将军专门派来观察营救行动的情况的，其驾驶员是德国王牌飞行员格拉赫上尉。

　　飞机降落后，众人将这架飞机推到预定起飞位置。当得知斯科尔兹内要与墨索里尼一起乘这架飞机离开时，格拉赫非常坚决地表示拒绝。因为这种飞机设计载运 2 人，若搭载 90 公斤重的墨索里尼后再加上同样 90 公斤重的突击队长，飞机是否能起飞令人怀疑。

▲ 领导南斯拉夫人民与德意军队作战的南共领导人铁托（右）。

但斯科尔兹内坚持自己要亲自护送墨索里尼抵达安全地点，并暗示这是希特勒的指示后，格拉赫妥协了。12 名突击队员站在飞机尾部紧紧拖住飞机，直到格拉赫举起手臂示意发动机转数到达理想位置可以起飞时，大家才放手。在经验丰富的格拉赫操纵下，飞机摇摇晃晃地爬升到天空中，飞往罗马郊外的普拉提卡机场平安降落。斯科尔兹内护送着墨索里尼上了一架 He－111 飞机转往维也纳，"橡树行动"大功告成。

9 月 17 日，墨索里尼在意大利北部的萨瓦再度粉墨登场，建立了完全由德国人操纵的傀儡政权"意大利社会共和国"。斯科尔兹内因为这次被后世称为"德军历史上最为大胆的营救行动"而一夜成名，他在维也纳和柏林受到了英雄般的欢迎。同时，他被提升为少校，并获骑士十字勋章。此外，欧洲各国的广播电台都在一遍遍地播放着关于这次营救的新闻，他的名字也以最大号的醒目字体出现在报纸上，甚至连丘吉尔也在下院演说中提到了他的名字，称"这是英勇无畏的表现……这无疑表明，在现代战争中，有许多这样的机会可以来展示人们的勇敢精神。"

意大利退出战争后，希特勒对维希法国也产生了疑心，便把斯科尔兹内派到法国，准备绑架名义上的法国总统贝当元帅。然而德国人经过仔细研究，并没有发现贝当有叛离德方的迹象，最后在外交部的坚持下终止了这次绑架行动。随后，斯科尔兹内又被派往南斯拉夫，准备绑架铁托元帅。希特勒的命令是"不论死活，都得把他给我抓回来"。领受命令后，斯科尔兹内只带了一支冲锋枪和两名军士就去了南斯拉夫。但是当地的德军司令不理睬他的奇袭计划，而是大张旗鼓地亲自指挥空降部队和滑翔机部队对铁托的司令部展开全面攻击，结果铁托悄然溜掉了，只给德国人留下了一套元帅军服。这就是历史上臭名昭著的"跳马"作战计划。此后斯科尔兹内无所事事达一年之久。

1944 年 9 月，希特勒获得情报，称匈牙利摄政王霍尔蒂海军上将打算退出战争，正在秘密与苏联谈判。如果和谈成功，在巴尔干作战的百万德军便会成为苏军俘虏，这也就意味着德国在整个东线的崩溃。希特勒将对付霍尔蒂的"重任"交给了斯科尔兹内。数天之后，他飞往布达佩斯。根据收集来的情报，他发现霍尔蒂很受其幼子小米克拉斯（绰号"米奇"）的影响，而"米奇"正通过南斯拉夫的铁托与苏联秘密谈判。斯科尔兹内决定以米奇为突破口，在他与南斯拉夫谍报员再次接头时将其绑架，然后运到德国，以此来逼迫摄政王放弃向苏联投降的计划。行动开始前，斯科尔兹内突然想起迪斯尼公司那只叫米奇的米老鼠，于是将这次行动命名为"米老鼠"。10 月 15 日清晨，情报部门得知"米奇"将在多瑙河港口博内米查的办公楼内与铁托的代表会面，该楼位于佩斯一侧的多瑙河岸边，小霍尔蒂在其二楼有一套住房。斯科尔兹内立即率部前往，一场激战，生擒了小霍尔蒂。

斯科尔兹内立即派人前往城堡山通知其父亲，逼迫他放弃与苏联的和谈。然而老霍尔蒂并未屈服，当天下午 2 点，他在广播电台发表讲话，声明匈牙利停战。但广播的一个细节引起了斯科尔兹内的注意：摄政王并未命令士兵放下武器、停止对苏军的抵抗。这意味着匈牙利军队在未得到新命令的情况下将继续与苏军作战。于是斯科尔兹内心里又产生了新的念头：只有生擒摄政王本人，才能解决当前这场危机！他迅速组织了代号为"铁拳"的突击行动，在驻布达佩斯的盖世太保和德国情报部门官员，以及第 500 空降营、新组建的第 600 空降营、"统帅堂"装甲掷弹兵师以及来自维也纳新城军官学校的成员配合下，闯进了霍尔蒂盘踞的布达佩斯城堡山，将霍尔蒂绑架。当天晚上，霍尔蒂被迫签署了一项声明，宣布自己退位，并任命萨拉希为总理。萨拉希上台后立即以霍尔蒂的名义取消了停战声明，匈牙利从此一直被绑在德国阵营里直至战争结束。

斯科尔兹内确保了匈牙利继续留在轴心国集团中为德国卖命，其功劳非同小可，因此希特勒将摄政王的宫殿作为犒赏。这座王宫里有一间据说是奥匈帝国皇帝用过的豪华浴室，如今这间浴室成了斯科尔兹内的专用品。

斯科尔兹内似乎从来就是一个冒险者，在战争期间，虽然他曾经受命最高指挥过一个师的兵力，但是他并不像一个雄才大略的指挥官，而且他所指挥的奥宁堡部队所形成的战斗力也没有达到德国最高统帅部下属的勃兰登堡特种部队的水平，就单兵素质而言，奥宁堡的士兵几乎都是一些富有冒险精神的狂热纳粹分子组成，热情较高而水平有限，全在于斯科尔兹内每次行动的身先士卒才得以名扬天下。也许是因为每次行动他都必须亲自参加，就连对铁托的南斯拉夫游击队总部的侦察，他也要自己带一支冲锋枪和两名部下亲自前往，可见斯科尔兹内本人就是一个喜爱这种个人冒险行为的独行者，这也就是他为什么只是一个出色的特种兵，而不是一个出色的将军的原因。

斯科尔兹内还是一名死心塌地的纳粹分子，1944 年，希特勒在他的"狼穴"大本营遭到国防军密谋集团的刺杀，刺杀者在首都柏林开始夺权行动时，纳粹在柏林的首脑只有一个虚弱的、对军事一窍不通的宣传部长戈倍尔，而且这位瘸腿矮小的帝国部长自己还险些遭到密谋集团的逮捕。

一片混乱中，身在柏林的斯科尔兹内却一点也没有察觉，他悠闲地坐上了开往南部旅游胜地的列车，只是在列车上，他遇到了一位知情的陆军军官，在这位将军再三提醒和暗示下，斯科尔兹内在柏林郊区的一个车站下了火车，火速赶往党卫队总部。当他了解事态的严重性后，果断制止了党卫队总部的混乱，在很短的时间召集柏林的党卫队控制了首都的局势。因此他得到了希特勒的极高评价。

这位在战争后期升为上校的冒险家在战争结束时也被英美联军俘虏，但是很奇怪，他很快就被释放出来，先是移居到西班牙，然后迁居到南美，在南美，他最终成了一个出色的水泥商人，出了自己的回忆录，最后安闲地度过了自己的后半生。

No.3 麒麟作战

"麒麟作战计划"的目的是加速突破敌人战线，向默兹河挺进并在敌人还没来得及炸桥以前占领默兹河上的桥梁。如果可能的话，"麒麟作战计划"的部队要单枪匹马占领这些桥梁。由于不可能安排伞兵与常规部队及时密切配合，这一作战计划不可避免地要遭到失败。德军也未能做出必要的准备，因为没有把"麒麟作战计划"的范围和具体计划全部告诉指挥官们。从作战计划的进行方式来判断，"麒麟作战计划"似乎是希特勒本人的大作，他对此非常得意。

负责指挥"麒麟作战计划"的是党卫队领导人斯科尔兹内。他被委派创建并指挥第150装甲旅，直接接受希特勒的命令和指示。各部队接到命令，把缴获得来的武器和车辆运给这个正在德国创建的旅，但指挥作战的将领们却不知道这个旅的战术编制是什么。当西线总司令接到需要缴获敌人的军服的任务时，他拒绝照办。实际上，他坚持要最高统帅部保证第150装甲旅的作战计划范围不得超过军事策略正常的和准许的性质。最高统帅部明确地表示同意了。

10月21日，希特勒的爱将斯科尔兹内奉命前往"狼穴"大本营。

在会见时，希特勒首先对他的战绩大加褒奖。在斯科尔兹内呈交了自己的报告之后，希特勒宣布提升他为党卫军中校。斯科尔兹内以为会见已经结束，于是准备离开，但就在这时，希特勒却把他单独留了下来，把即将开始的进攻计划简要地告诉了他（这意味着斯科尔兹内可能是最先了解这项计划的野战指挥官）。希特勒告诉斯科尔兹内，默兹河上的桥梁对于进攻的成败至关重要，命令他组建一支特种部队，设法攻占默兹河渡口。为了成功地完成任务，他们将穿上美军的军装，从敌军阵地后方向大桥方向隐蔽前进。一旦进攻开始，大部分人将脱掉美军军装，换上自己的军装。为了在敌军防线后方继续伪装前进，另外少数人将仍然穿着美军服装。在被先头部队轮换下来之前，那些换上德军军装的人员将对默兹河渡口发起强攻。继续伪装的人员将通过阴谋破坏和散布虚假情报等手段，在敌军中间制造混乱。

12月16日拂晓，在德军总攻的炮击声中，斯科尔兹内带领数百名身穿美军制服的"麒麟"突击队员，乘坐缴获的美国吉普车、卡车偷偷越过了美军前沿阵地，并分散成许多小组到处乱窜，开始了一系列破坏活动。

"麒麟作战计划"可以算是希腊神话中的"木马计"的现代翻版，共分两部分执行。其

◀ 被美军抓获的身着美军军服的德国突击队员。

第一部分为一连串会说英语的突击部队，在他们的德军制服上面套上美军的野战夹克，并乘坐美军的吉普车，乘着美军战线被突破的机会，分成小群混在美军的前面向其后方地区到处渗透。他们把侦察到的美军弹药库、军需站、简易机场、增援部队行进线路的位置等报告给己方炮兵，德军的炮弹就像长了眼睛似的准确降落在这些目标上；他们剪断电话线，砍倒树木阻塞道路，使盟军的交通发生混乱；他们还移动路牌使盟军的预备队走错方向，悬挂红布条以表示道路上已经布雷——总之，使用他们所可能使用的一切手段来制造混乱。有的则把地雷警告牌拔掉，致使美军车辆误入雷区。更有甚者，一个"麒麟"队员突然装成美国宪兵，若无其事地站在十字路口打手势，把一个团的美军引入歧途。

这一部分突击部队获得了惊人的成功，甚至超过所意料的程度。约有40辆吉普车混入美军的后方到处执行其制造混乱的任务，除了其中8辆以外，也居然都安全回来。而那些少数落在美军手里的人员所造成的纷扰尤其严重。因为他们立即造成一种印象，好像不知道有多少这种单位在美军后方活动。其结果之一就是美军到处拦截车辆来实施检查，有数以百计的美国军人在答复问题时因使人感到怀疑而被拘捕，连身为集团军总司令的布莱德雷也不例外。

第二部分为一整个的装甲旅（第150装甲旅），配备虏获的美军M－4Sherman战车，然后用它长驱直入以夺取缪斯河上的桥梁。但是这一部分始终不曾付诸实施。德军所能供给的美军战车及卡车，其数量远不及所需的零头，于是不足之数必须以伪装的德国车辆来充数。

斯科尔兹内原以为，既然他的部队被编为第 150 装甲旅，那么就应该拥有与常规旅同样的作战力量。但是，日益明朗的形势表明，他无法获得足够的兵力。此外，通过对作战任务的评估也显示出，他们要想在支援兵力到达之前守住默兹河渡口，需要得到装甲部队的支援。这是一个非常棘手的问题，因为装甲部队也需要伪装成为美军装甲部队，但缴获的美军坦克数量远远不够。经过进一步的调查之后，斯科尔兹内发现，缴获的"谢尔曼"坦克只够装备一个小分队，而不是一个旅。这就意味着他必须调整自己的计划，对计划中的第 150 装甲旅进行重新编组。

按照新的计划，第 150 装甲旅将由两个分别配备 10 辆坦克（很难预料这些坦克将会带来什么样的结果）的坦克连、3 个配备 10 辆装甲车的装甲侦察连以及步兵、防空兵和反坦克部队组成。所以这样勉强的伪装也就必须小心行动，而且在这个旅待命的地区又始终不曾作明确的突破，因此其前进遂一再的延缓，而终于完全放弃。第 150 装甲旅约有 2,000 人，是配属在北方的第 6 装甲军团麾下。

起初，美国人根本没有发觉在自己部队中混杂了一些冒牌兵，但几天后，3 名化装成美军的纳粹士兵乘坐吉普车经过比利时境内的一处哨卡被查问时，引起了美国宪兵的怀疑，结果露了马脚，供出了他们的计划和任务。美军情报人员在那辆吉普车上检查时，正好又截获了一份其他"麒麟"小组发出的电文。美国人大吃一惊，急忙加强了马斯河各渡口和桥梁的守卫力量，在前线和后方的各个路口都设置了路障，大批荷枪实弹的宪兵和谍报人员严格检查过往美军及车辆。

由于美国人逐步掌握了纳粹的这个特工计划并采取了严密的防范措施，使伪装成美军的德国人纷纷落网。其中有的经美国宪兵和保安人员盘问露馅后企图驾车逃跑，被当场击毙，有的在进行破坏活动时被美军开枪打死，抓获的俘虏大多就地处决，剩下的也由美军战地军事法庭匆忙判刑后执行枪决。与此同时，前线的美军很快顶住了德军的进攻，骁勇的巴顿将军率领几个装甲师挥戈上阵，将德军打得一败涂地。斯科尔兹内眼看大势已去，只得与他的残兵走卒扔掉美军制服，仓皇逃窜。不久，这位"麒麟"突击队的头子作为要犯上了美国人的通缉名单。纳粹德国灭亡后，斯科尔兹内活像一条丧家之犬，走投无路，不得不只身前往美军驻地缴械投降。

直至 60 多年后的今天，人们仍然很难知道到底有多少突击队员成功完成了任务，因为这支人数不多的部队所造成的威胁让当时的美军几乎闻之色变。此外，在突出部战役中，还有一些普通的德军士兵穿着缴获的美军军装仅仅是为了取暖，但经常被误认为是"麒麟突击队"队员。斯科尔兹内的突击队员执行了各种任务，其中包括移动路标，给美军增援部队指示错误的方向，佯装成为撤退部队，向小股美军散布德军即将到来的可怕消息，破坏爆炸装置等等。

一名被俘的"麒麟突击队"指挥官的说法使得局势更加混乱，他声称突击队员正计划绑架艾森豪威尔，为了保住自己的性命，他才躲到了一家旅店。美军开始采取安全措施——除了核对口令之外，还要求有关人员回答只有美国人才会知道的问题。布鲁斯·克拉克将军就曾因为未能回答出芝加哥童子军属于哪个协会而被短暂拘留。奥马尔·布莱德雷自己也曾回答过有关州首府和足球的问题，他没有回答出贝蒂·格拉布尔的丈夫是谁（乐队领唱哈里·詹姆斯），但是卫兵让他通过了，因为他们认为德军不可能派人伪装成布莱德雷将军。还有一种说法，有些部队按照要求回答《星条旗永不落》第三节的歌词，如果被询问者回答不上来，就极有可能不是美国人。当然，这个故事的真实性有待考证。一旦被抓获，俘虏的命运就将落入射击班的手里。对于很多德军来说，由于突击队员们在美军后方的活动使他们随时可能遭遇一场不幸。在获悉美军会向任何穿着美军军装的德国人开枪之后，一些德军部队立即禁止穿着美军军装，如果有人保留了美军军装，必须将其扔掉。那些身穿缴获的美军军装取暖的德军人员被迫再次挨冻，极大地挫伤了士气。

尽管突击队员的这次行动并没有对战斗产生决定性的影响，但是在人数如此少的情况下，他们却给美军造成了巨大的困惑，以及由此产生的时间上的延误，两者之间显然不成比例。对于突出部战役的前24小时来说，他们所做的贡献相对有限，但却在美军各级人员的脑海中播下了恐惧的种子，这就是他们对这场战役所做出的重要贡献。但我们也不应该忘记，作为一支担负攻占默兹河渡口任务的先头部队，他们没能完成自己本应该完成的任务。

No.4　派佩尔战斗群

当1944年12月6日"莱茵河卫兵"计划递交给第6装甲集团军的时候，该装甲集团军具体的作战任务尚在讨论之中。如前所述，因为德军认为步兵能够完成首次进攻的任务，所以决定不再使用装甲部队。但是，德军要想尽快到达默兹河渡口，就需要一定程度的装甲进攻力量的保障。为了做到这一点，德军决定从党卫军第1装甲军中抽出部分力量，组建几支特混大队进行部署。第6装甲集团军对于分给自己的进攻地段并不满意，因为那里的地形不适合坦克行进：到处是树林，路况很差。他们要求向任务区的南部发起进攻，那里的路况可能会好一些，但遭到拒绝。这些情况促成了部署特混大队决定的形成。在这些特混大队之中，一支由党卫军少校赫尔伯特·库尔曼指挥，其他部队则由约阿希姆·派佩尔指挥。

派佩尔出身于一个著名的军人世家，29岁时就升至中校级别的特别参谋，他的赫赫战绩使其成为一名特混大队指挥官。迪特里希非常了解他，当派佩尔指挥党卫军"希特勒警卫旗队"装甲师在东线作战时，他的英勇表现就给迪特里希留下了深刻的印象。在日益激烈的战斗中，迪特里希奉命向试图从苏军猛烈进攻中撤退的第 302 步兵师提供支援。他挑了一个装甲掷弹兵营，具体由派佩尔指挥前去救援步兵师。在前往第 302 步兵师的途中，派佩尔不但抵挡住了苏军的猛烈进攻，还渡过顿涅茨河，与饱受压力的第 302 步兵师会合，一同撤往顿涅茨河附近。最终，第 302 步兵师成功渡过了封冻的河面，派佩尔却遇到了麻烦：冰层太薄，无法承受装甲车的重量。但派佩尔并没有惊慌失措，他掉头返回，在追击自己的苏军中间杀开一条道路，干净利落地冲到了一座桥边。该装甲掷弹兵营过桥之后，掉头与德军主力部队会合。派佩尔因此获得了德军颁发给最勇敢军人的奖章——"骑士十字勋章"，他的部队也因此在战场上赫赫有名。但是，他的部队也在自己的默许下做出了一些臭名昭著的事，动辄就纵火焚烧俄罗斯村庄。到 1944 年，这种"荣誉"使得本来就很自负的派佩尔的自信心日益膨胀，只要他认为对方的观点错误，就敢于进行指责，甚至敢于顶撞那些将军级别的军官。由于迪特里希（必须指出的是，他是希特勒的一个好朋友）的偏袒，被顶撞的将军们只能忍气吞声，不敢使用军事条令对其进行约束。当然，这就意味着毫无作战经验的冯·霍夫曼（仅比自负的派佩尔的军衔高出一级）总是被迫接受这位下级的"指挥"。

派佩尔是一个傲慢自大、冷酷无情但又能力非凡的人，这种品性决定他在阿登反击战中必将担任某个重要战斗群的指挥官。尽管派佩尔享有很高的声望，但他并没有参与进攻计划的制订。当第 6 装甲集团军参谋长、党卫军少将弗里兹·克拉默找他谈话时，他猜测将有重大事情发生。克拉默向派佩尔提出三个针对性很强的问题：第一，他对于进攻艾费尔有何看法。第二，根据他的经验，一个装甲团推进 80 公里需要多长时间。最后，一个夜晚的时间能否完成任务。

派佩尔没有立即回答，他认为第一个问题的答案建立在后面两个问题的答案的基础之上。他认为，仅在地图上进行比划是找不到答案的，应当采取更加现实的办法。他驾驶一辆"豹"式坦克开了一夜，走完了所需的路程，而后回到弗里兹·克拉默那里，告诉他坦克在平坦的道路上一个晚上能够前进 80 公里。弗里兹·克拉默很高兴，将这一结果向装甲集团军其他参谋人员做了通报。12 月 13 日，派佩尔领受了进攻命令，事实证明，的确将有重要事情发生。

派佩尔对于分给自己的进攻任务很不满意。上司为他指定的行进路线是一条二级公路，他认为不适合坦克行进，因此提出了反对意见。当时，立即有人打断他的话，并且告诉他这些线路是希特勒本人决定的，根本无法更改。让他感到更加不快的是，许多应该已经到达的燃料补给尚在集结区，这样一来，他只能依靠缴获的燃料为坦克加油。

和大多数德军装甲部队一样，派佩尔战斗群是由各种坦克和20毫米四管高射炮组成，其中两个连配备"豹"式坦克；另外两个连配备 IV 型坦克，虽然型号较老，但依然保持着较高的战斗效能。

此外，派佩尔的部队还装备了大量坚不可摧、令人闻风丧胆的"虎"II 型坦克。与此同时，这支装甲部队还装备了大量 StuG 系列突击炮和几辆"猎豹"坦克歼击车，力量更加完备。派佩尔计划首先让两个 IV 型坦克连充当先头部队，"豹"式坦克随后跟进；其次，搭载装甲掷弹兵的半履带车辆将与"豹"式坦克并驾齐驱，步兵和炮兵部队紧随其后；再次，虽然"虎"式坦克威力巨大，但重量太大，机动性较差，对于快速进攻不利，被配置在进攻编队的后方。当进攻发起时，派佩尔并不在自己的司令部里，而是坐镇于第12国民掷弹兵师的指挥所，监督步兵的前进。派佩尔计划，一旦步兵突破美军防线，他将立即下令战斗群向纵深推进。但是，局势很快变得非常明朗，步兵部队在进攻中受挫。

12 月 18 日上午 11 时 15 分，派佩尔突击队的前锋共 19 辆坦克隆隆地从斯塔佛洛公路上驶过来。德军坦克从铁路桥下穿过后，转过弯吼叫着朝特洛伊斯傍茨通往巴斯波都克斯和维波蒙特的两座桥梁冲过来。如果德军过了桥，前面就全是便于坦克行驶的田野了，德军可以一直打到列日和马斯河。

这时，他们遭遇了美军。打头的那辆德军坦克首先开了火。美军反坦克炮进行了回击，打断了一条履带，使那辆坦克动弹不了。德军装甲部队的火力太猛烈了，不一会儿，这门小小的反坦克炮便被摧毁了，它的炮手有 4 人被打死，其余的由于没有武器，便全都撤退了。但是，这几位炮手并没有白死，他们使昂布莱夫河后面的工兵做好了准备，这座桥几乎就在德军先头坦克的跟前炸毁了。耶茨少校随即把他的前哨阵地撤回到昂布莱夫河西岸，把它部署在能清楚地观察德军在东岸行动的建筑物上。

派佩尔对昂布莱夫河和萨尔姆河上的桥梁被炸感到十分失望。如果他们完整地夺取了那座桥梁的话，第二天早上便可顺利抵达马斯河。现在，昂布莱夫河和萨尔姆河成了一道不可逾越的障碍。派佩尔不得不选择另一条进攻路线，就是向北开往格拉莱茨，再转向西南的切西克斯镇，从那里设法渡过昂布莱夫河。

下午 2 时，当派佩尔率队赶到切内克斯渡河时，突然遭到美军战斗轰炸机的空袭。美军飞机不断俯冲轰炸，派佩尔的装甲纵队没有任何遮掩，四处逃散，十分狼狈。直到下午 4 时 30 分，即太阳西下时，他们才得以重新整队前进。派佩尔因此失去了两个多小时的时间和 10 辆战车，其中 3 辆是坦克。更重要的是，美军第 1 集团军司令部现在已经知道了派佩尔突击队的位置。它很快成为美军的两个第一流的师——第 30 师和第 82 空降师兜捕的目标。

▶ 被击毁的德军
"豹"式坦克。

德军只能等待工兵前来对断裂处进行维修，交通拥挤变得越来越严重。派佩尔绞尽脑汁，努力寻求其他前进途径。经过观察，他很快发现，在被炸毁的桥梁断裂处有 50 米的地方是可以小心通过的，于是命令坦克部队小心翼翼地开下滑坡。这些坦克顺利地开下滑坡，随后缓慢驶往对面的公路，继续向前开进。

到了晚上，派佩尔才到达洛斯海姆城外。

晚上 10 时左右，机动能力较差的"虎"式坦克也陆续到达。由于美军埋下了大量地雷，部队无法继续前进，进攻编队在洛斯海姆城外再次受阻。无奈之下，派佩尔只能等待配有地雷探测仪的工兵的到来。但是，在得知工兵部队尚在几公里之外后，他不顾危险，贸然命令部队继续前进。在前进途中，有几辆坦克被炸毁或炸伤，但大部分坦克还是安全通过了雷区。虽然这为派佩尔争取了一定的时间，但由于交通堵塞和步兵行进缓慢，德军行动严重延误，极大影响了快速进攻计划的实施，使得渡过默兹河、直通安特卫普的计划彻底破产。对于派佩尔而言，这简直就是一场灾难。

No.5　马尔梅迪大屠杀

德军在第一天的战斗中几乎没有实现任何作战目标，但并非说明进攻已经失败。除了巴斯托尼周围地区以外，前线上其他几个重要部位在未来几天内的形势也非常严峻，这让盟军十分担忧。第101空降师在巴斯托尼的英勇行动再次谱写了战争史上的华丽篇章，成为最终瓦解希特勒野心计划的致命打击力量。

派佩尔的部队在占领布赫霍尔茨的阵地以后，随即向霍恩斯费尔德村开进。他们的坦克部队遇到了正向同一地方前进的美军车辆，立即开始穷追不舍。美军车辆川流不息地进入霍恩斯费尔德，根本没有注意敌人就在身后。在距离霍恩斯费尔德村一小时路程远的地方，德军坦克编队遇到了一辆在此执行监视任务的盟军装甲车。装甲车辆的驾驶员乔治·克里尔军士长仔细观察了两次才发现：就在他的正前方，一个手持白旗的德军士兵，正在黎明前的黑暗中引导德军坦克沿着公路前进。克里尔跳进装甲车，但由于他的装甲车正牵引着一辆拖车，挡住了火炮的视界。在公路的更远处，美军和德军已经开始交火。盟军步兵很难战胜装甲部队，被迫向后撤退。克里尔和他的炮手们弃车而逃，试图跑回霍恩斯费尔德报告情况，但他们没能到达村子中间。

德军两辆"豹"式坦克一路前进，率先进入村庄，紧随其后的是3辆半履带式车辆。它们在接近霍恩斯费尔德中心时，开始向房屋、车辆和美军士兵射击。更多的半履带式车辆跟在先头部队之后进入村庄。村中的美军在遭到袭击时毫无准备，有人甚至连逃跑的机会都没有。许多人被迫投降，此时德军没有遵守国际法赋予战俘的权利，残酷地将其中一部分战俘

▼ 一辆"虎"式坦克从被俘的美军战俘队前经过。

杀害。第 612 反坦克炮兵营的大约 100 名投降者遭到敌人的机枪射击，据目击者称，至少 30 人被射杀。德国党卫军这种无视战争法的残酷暴行已经不是第一次，当然也不是最后一次，这为战后审讯派佩尔等一级战犯留下了大量铁证。

攻占霍恩斯费尔德后，派佩尔率部沿着党卫军第 12 装甲师的行进路线向布林根开进。到了早晨 7 时，派佩尔的部队已经战胜了布林根的美军，役使战俘给车辆添加燃料，然后继续前进。这时，意外遭到了盟军战斗轰炸机的短时间空袭，许多装甲车辆被击中，6 架前来拦截的德军战斗机也被击落。派佩尔设法恢复了战斗队形，继续向着博日尼岔路口前进。

在岔路口，派佩尔的先头坦克部队遇到了第 285 野战火炮观察营 B 连，向其发动了猛烈进攻。仅仅装备步枪和机枪的美军无法抵御德军的进攻，被迫缴械投降。战俘被德军团团围住，集合在交叉路口附近，惊慌失措地挤在一起。德军命令 130 多名战俘举起双手，排成几队。然后，2 辆装甲车开到一个能够瞄准美军的地方。让战俘极为恐惧的是，一名军官命令一名坦克车长向他们射击。这名车长自己没有这样做，而是将这项任务交给了副炮手、一等兵乔治·弗莱普斯。随后，残忍的一幕发生了，战俘们一个个倒在血泊中，鲜血染红了地面上的片片残雪。一些人侥幸活了下来，躲在战友们的尸体下面不敢出声。党卫军对自己的"暴行"洋洋得意，继续向战俘群疯狂射击。在未来几个小时里，路过的德军不断向路边成堆的尸体射击。当四周逐渐安静下来的时候，幸存者们听到了德军狂妄肆意的笑声。党卫军第 3 先遣营到来以后，开始在尸体之间来回走动，向他们认为还活着的美军开枪射击。当党卫军离开时，大屠杀的幸存者决定尽快离开这个地方。一些人在奔跑中被德军击中，剩下的人向附近他们认为更安全的小餐馆跑去。德军开始向餐馆开炮，随即坍塌起火，幸存者在逃出熊熊火海时，遭到射击，纷纷倒地身亡。

德军绞尽脑汁仍然未能将全部战俘杀害。为数不多的几个幸存者没过多久就获救了。在马尔梅迪小镇附近，第 291 工兵营营长戴维·E·帕格林中校听到了枪炮声，意识到他刚才看到的炮兵部队已经遭到敌人的攻击。枪炮声渐渐消失后，他决定去看看到底发生了什么事情，于是带上通信官威廉·克里肯伯格军士长，坐着吉普车前往博日尼。他们下了吉普车，看见了正在燃烧的小餐馆，而后小心翼翼地往村里走。正在此时，他们看见 3 个幸存者向他们跟跟跄跄地走来。帕格林和克里肯伯格搀扶着 3 人回到吉普车，随后乘车迅速返回马尔梅迪。幸存者们受到了极大的惊吓，90 多分钟后，帕格林才明白发生的一切。于是，他立即将这个可怕的消息向霍奇斯将军做了汇报。夜幕降临后，更多的幸存者或走或爬，摇摇晃晃地离开了躲藏地点，艰难地向己方阵地或平民家里走去。

共有 43 名幸存者回到了美军阵地。86 人惨死在党卫军的屠刀之下，尸体一直裸露在空旷的荒野之中，直到圣诞节到来的前两天，一场大雪才为他们盖上了一张雪白的尸布。

美军战俘惨遭屠杀的原因至今无法得到合理的解释：党卫军在到达布林根以前杀害了许多战俘，到达布林根后暂时停止了这种暴行。然而，当他们继续前进时，又杀害了一批战俘。无论德军的目的何在，他们的做法都是缺乏人性的反人类罪行。几小时之内，霍奇斯的有关屠杀的报告传遍了阿登地区以及阿登地区之外的所有美军部队，更加坚定了他们战胜德军的决心。自从马尔梅迪大屠杀以后，对于德军党卫队员来说，他们在被美军俘虏之后几乎没有人能够存活下来。霍奇斯将军的报告也传达到了埃尔伍德·克萨达少将指挥的第10战术空军司令部，后者又将这个消息告知了每个战斗轰炸机飞行员，所有人都愤怒不已。12月16日这一天，天气恶劣，飞机无法起飞参战，帮了德军一个大忙。但苍天有眼，天气很快转晴。

▼ 被德军杀害的美军战俘。

▲ 在一起的盟军将领。

第五章

死守圣维特

　　我不得不遗憾地说，我们进攻中的许多行动都是没有经过精心计划和组织的，因为在 12 月 16 日之前，我们对于此次战役的展望过于乐观了。在行动开始后，我们遇到了许多麻烦和意想不到的问题，太令人失望了。

——德军第 150 装甲旅 Y 装甲作战群指挥官谢尔夫上尉

No.1　谋划反攻

圣维特地处阿登地区公路交通网的中心，有 6 条主要公路在此交汇，是阿登地区的一个重要交通枢纽。如果德军能在进攻头几个小时内攻下圣维特，就会加速整个战役的进度，但盟军却守住了这一重镇。美军之所以坚持在圣维特设防，也是因为该地的战略地位十分突出。12 月 17 日，盟军调遣第 7 装甲师 B 作战司令部前往圣维特，他们在途中遇到了正向西撤退的车群，出现严重的交通阻塞。与此同时，德军也遇到严重的交通阻塞，无法按照原定计划快速前进。这样一来，盟军就有了充分的时间选择最好的防御地点，在当天晚上前，已经在圣维特周围建立了一处防御阵地，击退德军几次强攻。更加糟糕的是，德国第 6 装甲集团军的部队也进入了圣维特，进一步加剧了洛希海姆地区堵塞的交通。陆军元帅莫德尔深受交通堵塞之苦，在几英里以外就走下指挥车，徒步进入圣维特。

12 月 19 日，艾森豪威尔在凡尔登会见了高级陆军司令们，以制订一个阻止德军的战略。起初，盟军的局势越来越糟，简直令人沮丧：派佩尔的装甲部队正畅通无阻地向西驰骋；曼陀菲尔集团军正涌过圣维特和巴斯托尼之间 48 公里宽的突破口。关于德军伞兵已在每处十字要路着陆及敌军突击队会穿着美军制服突然出现在灌木丛后面的谣言盛行。忧心忡忡的美军不明白，胜利在望的欧洲战局怎么会发生如此的逆转！

然而，艾森豪威尔和各位将领在一座潮湿的法国旧军营里召开圆桌会议时，给了大家些许希望。"当前的局势，"艾森豪威尔告诉那些神情严肃的将军们，"对我们来说应该是个机会而不是灾难，大家应该高高兴兴地参加会议。"

巴顿将军笑了笑说："真见鬼，让我们振作精神把那些狗娘养的德国人都赶到巴黎去吧。这样我们才能真正把他们隔开，然后各个击破！"

"不，"艾森豪威尔冷静地说，"我们决不能让敌军越过马斯河。"

将军们采取了一种简单的牵制和反击策略，这是在第一次世界大战时学会的。从那以后，这已成为美国军校的教学内容。在埃尔森博恩山脉的第 2、第 99 步兵师和艾希特纳赫附近的第 4 步兵师及第 10 装甲师分别加固了北方和南方美国防线的软肋。通过这些增援，美军将可以在敌军突出的两翼建立稳固的阵地，从而将突破口限制在一个狭窄的地带；然后他们将其截断，从而分割前往马斯河的敌军以形成优势。艾森豪威尔决定，反击将首先由巴顿率第 3 集团军（其总部设在南希东南 80 公里处）向南翼德军发起。当巴顿的部队向北冲击南翼德军时，他们将可以解除比利时人的巴斯托尼之困，那可是一个极具威胁的咽喉要道。艾森豪威尔转向巴顿问他什么时候可以发起攻击。巴顿回答说："12 月 22 日，我将率 3 个师发起进攻。"

其他的将军们都持怀疑态度。他们认为，巴顿只想着进攻，欲使人数众多的联合作战部队实现大调动，将3个师的兵力拉出战线，向北进发并发动进攻——而这一切要在3天内完成，这次问题肯定出大了。

巴顿点燃了一支雪茄，指着地图上的德军突击部队，高声说道："这次德国佬要引颈受戮了，我已经控制了战局。"巴顿说，实际上他已为第3集团军在面临危机时谋划了三项可行计划；他只需给他的参谋长霍巴特·R·盖伊准将挂个电话，把代号为"巴斯托尼之刃"的计划付诸实施就可以了。

那晚之后，艾森豪威尔考虑应该改变一下阿登地区部队的指挥结构。德军的攻击就像一把尖刀向美军刺来，给北部的第1、第9集团军和南部的第3集团军之间的通讯造成了很大破坏。这些部队的指挥官布莱德雷上将的总部设在卢森堡，远在他的第1集团军的东南方。这意味着，如果要指挥北部的防御，布莱德雷将不得不绕着德军不断壮大的突击部队远行一天的时间。对布莱德雷来说，这样极具危险性；对他的军队来说也是如此，因为他在途中时，军队很可能需要他作出果断及时的决策。

艾森豪威尔的情报局局长肯尼思·W·D·斯特朗明智地建议他，把布莱德雷的指挥权分担一部分给距北方威胁最近的指挥官蒙哥马利将军，让蒙哥马利暂时指挥第1和第9集团军，布莱德雷继续指挥南部的巴顿第3集团军。艾森豪威尔意识到这种变动看起来是对布莱德雷的不信任；同时这也会使一些美国军官烦恼不已，因为他们认为蒙哥马利太傲慢自大、太自以为是、在战争中又太谨小慎微。但是，这一方案也是有远见的——它不仅是牢牢把握行动控制权的一个保障，也可以鼓励蒙哥马利把英军全部力量投入战争。

权衡利弊之后，艾森豪威尔决定第二天早晨提出分权方案。不出所料，布莱德雷抗议其一半指挥权的丧失。对他来说，这的确难以接受。但是他看到艾森豪威尔态度很坚决，也就接受了。就这一点来说，他比他的下属更有风度。

那天晚些时候，蒙哥马利第一次去查看了列日附近的第1集团军总部，但这对事情并没有多大帮助。他兴高采烈地戴着贝雷帽，步履轻盈、满怀自信地走进了总部——正如同一名副官所说的，"他就像是基督来净化神庙一样"。

"先生们，"蒙哥马利对忧心忡忡的第1集团军众参谋说道，"我认为我们真的陷入了困境，那么现在给我介绍一下情况吧。"

第1集团军的操作人员给他展示一幅极为翔实的地图，但是，蒙哥马利却没怎么看，反而要了一张他自己的参谋人员（过去几天他们刚刚查看了前线）准备的小地图。后来，第1集团军指挥官霍奇斯上将邀请他共进午餐，却遭到拒绝；蒙哥马利自己做了一篮子野味，一个人大吃特吃去了。这是因为蒙哥马利习惯一个人吃饭。不过第1集团军的军官们并不知道这一实情，反而认为这是一种故意的侮蔑。所以，悲观失望的情绪更加严重。

尽管蒙哥马利和美国人之间存在着摩擦，这种指挥权的变动还是产生了即时的效果。正如艾森豪威尔所希望的，蒙哥马利派出了英军第30特种兵团去支援他原先部署的保护马斯河主要桥梁的坦克部队。对于美军来说，他仍然太谨小慎微，他敦促美军从包括圣维特在内的没有掩护的阵地上撤回来——用他自己的话来说，叫"整顿战场"。但是事实表明他还是愿意听美国人意见的。当美国人坚决反对从圣维特撤退时，蒙哥马利也只能如此。

美军有充分的理由支持其坚守圣维特的主张。敌我双方的陆军指挥都认为圣维特是阿登北部之战的关键所在：无论哪一方占有了圣维特都可以控制至少6条干道的交汇处。初期的

◀ 蒙哥马利获权指挥更多部队。

德军装甲部队就曾采用避开主要的防御的闪电战术，从而一次次袭击了圣维特。但是，随着德军先头部队的深入行军，就需要对付更多来自圣维特的盟军：如果交通中心被美军控制，他们将无法为先头部队提供足够的给养。

保卫圣维特的主要责任就落在了第7装甲师肩上——一支屡屡受挫后组建起的部队。第7装甲师在德军进攻的第一天就接到向阿登进军的命令。部队迅速调离亚琛地区的阵地，向南开拔。12月17日上午11时，该师先锋队到达比利时的维尔萨姆镇，停下来加了油，然后继续向东开往圣维特。正在那时，第7装甲师接到一项救援任务：经过圣维特时向荀贝格推进，为被包围在艾费尔的106师的两个团打开一条突围通道。那时被围攻的那两个团处于十分不利的情形——被隔离开来加以包围且弹药已尽。106师指挥官琼斯将军已经把所有生还希望寄

▼ 蒙哥马利前往前线部队视察。

托在第 7 装甲师的及时救援上了。

但是，在离开维尔萨姆前往圣维特的途中，第 7 装甲师的先头部队遇到了严重的交通堵塞。供给卡车、106 师的后勤部队、第 8 集团军的炮兵和路过的第 14 骑兵部队都疯狂地挣扎着，想尽快离开战斗区。在波图村附近，美军又被向西的交通堵塞困住了。

第 7 师一点一点缓慢地向前推进，开路的是小唐纳德·P·博伊尔上校——第 38 装甲步兵营的军事执行官。他后来反感地说："当时每个人都各人顾各人，一片混乱，那根本就不是军队，简直不堪入目。我们看到美国士兵们在逃跑。"更糟的是，"在离贝蒂特雷尔小镇的大路不到 1.6 公里的地方，所有的交通都停滞了。实际上那可以说是我所见过的最糟糕的交通堵塞了……好几次我刚打开一点通路，几个指挥车里的长官就想跟过来，但是每次我都让他们退回去了，我可不管他们是谁。除了我们的坦克谁也别想通过。"

博伊尔一时大怒，命令他的"谢尔曼"坦克向前面冲。一辆中型吉普不愿让到一旁去，博伊尔就命令驾驶员向前冲；吉普车为了避免被碾碎，一拐弯掉进了沟里。"如果谁敢挡住路，"博伊尔喊道，"就碾死那个狗娘养的。"

一个美国大兵喊道："少校，碾死他们！让他们见鬼去！"一个中士跳下一辆向后方撤退的运送军需品的吉普车，对他的同伴说："我要和那些坦克一起走，我要和这支部队一起去打仗，我可不逃跑！"然后，他爬上了一辆向东前进的坦克和炮塔。

德军没能够在 12 月 17 日攻下圣维特，所以丧失了一个大好机会。那时第 7 装甲师的先头部队还在尽力赶到那里，一整天都只是一些工兵和杂牌军在防守着。直到入夜时分第 7 装甲师的先头部队才抵达圣维特。该师指挥官罗伯特·W·哈斯布洛克迫不得已，命令部队暂停，因为那时他只有该师不到 1/3 的兵力，而且交通的混乱再加上夜幕的降临使得继续推进毫无意义。他不可避免的决定了第 106 师被困的两个团的命运：那两个团一直坚持到弹尽粮绝，才在 12 月 19 日向德军投降。

夜间的圣维特防御仍在不断增强。越来越多从前线下来的部队，包括第 106 师残部和第 9 装甲师的战斗部队在内，都退到了圣维特，第 7 装甲师的其他部队也从西面赶来了。夜幕降临时，围绕着圣维特逐渐形成了一个马蹄形的防线，足足延伸了 24 公里左右。

12 月 18 日早上，德军采用了被哈斯布洛克称为"反弹球"的战斗策略——即在一个地方打一下然后再攻击其他地方，迅速攻击了美军的防线。他们围着美军的马蹄形防线边缘攻击了 4 个宽阔的阵地——在一个地方试图包抄当地守军，而另一个地方则试图突破中心防线。虽然缺少人手，但是哈斯布洛克运筹帷幄，指挥若定：德军攻击哪里，就把部队调到哪里。德军不得不一次次地撤退。冰冻的白色原野留下一辆辆冒着烟的坦克和一堆堆尸体。12 月 19

日，因与第28师余部分散而从东南方撤下来的第112步兵团更增强了防守方的实力。接下来的两天里，德军继续进行猛攻，但奇怪的是他们看起来不堪一击。

实际上德军也遇到了严重的交通问题。美军在埃尔森博恩山脊的顽强抵抗迫使德军不得不向南移动。结果迪特里希上将的军队和坦克与曼陀菲尔的军队撞在了一起，极度的交通混乱推迟了德军对圣维特的攻击。

到12月20日晚为止，德军高级指挥部对圣维特时断时续的围攻已经失去了耐心；同时由于美军对交通要道的控制阻止了德军第5集团军对马斯河的攻击。于是，两个步兵师和一个坦克旅接到命令于次日发起全力攻击。

12月21日上午11时，德军用大炮对圣维特防线进行了猛烈的轰炸，紧接着的是坦克和步兵的轮番进攻。守护者一次又一次打退了占绝对优势的敌军。黄昏时分，气急败坏的德军又从南方、东方和北方发起了至少3次主攻，每一次都是直接沿着干道向城镇开进。

几天前，博伊尔少校曾经命令部队用装甲车冲撞撤退的美军，从而使第7装甲师可以顺利开往圣维特，现在却发现自己已经成了马蹄形防线上首当其冲的目标。后来他曾写下这么一句话："无论我们多么迅速地消灭他们的进攻部队，德国佬还是不断地进攻、进攻、再进攻。""不知有多少次，德国佬进攻到可以向机枪手扔手雷或装甲弹的地方，然后就是一阵阵的火光和浓烟。一挺一直在猛烈扫射的50毫米口径的机枪就被装甲弹击中了，正落在枪后膛和枪口中间的枪管上。结果，机枪手向前倒在了枪上，半边脸被炸掉了，装弹手左臂从肩膀处炸掉了，实际上也已经死了；而指挥员被炸出去大约4.5米远，直挺挺地躺在那里。

"每当一个机枪手被杀死，其他人就会跳出掩体接替其位……但是，德军就一轮接着一轮地进攻，一直持续了至少一个半小时。"

正如博伊尔所见，德军的坦克出现了一座小山头的阴影里，5辆美军"谢尔曼"坦克向其发动了攻击，德军坦克一齐发射。因被密集的火光遮住了视线，美军坦克无助地乱冲乱撞，最终被一个一个地敲掉了。从后来德军坦克在黑暗中呼啸而过的方式，博伊尔猜测（这是正确的）坦克上肯定配备了某种新式的红外线探测仪，使驾驶员可以在夜间看到敌人。

晚上8点，美军防线至少有3处被攻破，博伊尔的上司威廉·H·G·富勒中校的战地指挥所也被占领，所以富勒不得不退到了后方，而他的装甲步兵营原本的1,142个人也只有100人在战斗中。坦克冲进了圣维特，而它们后面蜂拥跟着大批德军步兵。美军再也守不住了。布鲁斯·C·克拉克准将传下命令："尽你所能救下坦克，向西进攻，我们要在城镇西部形成一条新的防线。"同样的命令也传给了马蹄形防线上其他被攻击的部队。

博伊尔继续沿着防线战斗，以致未能及时执行命令。后来他带着百余个幸存的士兵向西穿过大雪笼罩的森林，却差点陷入德军的包围。于是他命令士兵每 5 人一组趁着天黑溜过德军的包围圈。

第二天早上，博伊尔和该组的其他 4 人在几乎没膝的雪地上摸爬滚打，才靠近了圣维特镇外的一条繁忙的交通要道。博伊尔决定等到天黑再偷偷溜过公路。他示意其他 4 人躲到山上监视公路的一段石墙后面。但是一个士兵向前爬行时，松动了一块石头，石头滚到了下面的路上。他们立刻就听到了德军的叫喊声，一个人用英语告诉他们，他们已经被包围了，最好赶快出来，否则就用迫击炮进行轰炸。博伊尔意识到反抗无异于自杀，于是就慢慢地站起来下了山。一个德军军官正笑着等他呢。"只是运气而已，"德国军官深表同情地说，"或许明天我也会被俘虏。"

No.2　防线变化

当被攻陷的马蹄形防线上的美军撤到圣维特西部重新集结时，哈斯布洛克将军收到了新到来的第 18 空降师指挥官李奇微将军发来的电报，电报说该师已与第 82 空降师在西部更远一些的地方结成了一条防线。李奇微计划在圣维特和维尔萨姆之间建立一条防线———一个绵延近 16 公里的椭圆形防线。这一地区不久后被称为"坚固的鹅蛋"，将由哈斯布洛克的部队及支援的空降部队坚守，直到援军抵达。

哈斯布洛克和克拉克都不喜欢这个主意。这样他们的部队太过展开，并将很疲惫。况且，椭圆形的防线覆盖着一片浓密的森林，且只有一条像样的通道——而这对于机动的装甲部队的防御来说是一种极不理想的地形。具有讽刺意味的是，克拉克将其称为"卡斯特的最后抵抗"的预言几乎变成现实。椭圆形防线形成之后，德军就开始对其进行突破，从北面深入进去。到 12 月 22 日上午，哈斯布洛克就意识到他的部队坚持不了多久了，于是他给李奇微发了一封紧急电报："我认为在入夜之前不离开这里，第 7 装甲师将难以撤离。"

李奇微认为哈斯布洛克太悲观，并且想要他坚守阵地。但是蒙哥马利意识到作为北方战场的总指挥，他必须干预此事。在圣维特的 2.2 万士兵中已有 6,000 余人或死或伤，蒙哥马利认为没有必要使美军继续蒙受损失。于是，他下达了撤军命令，并对圣维特的守军致了颂词："他们可以光荣回来了，回到更安全的阵地上来。他们的表现已经很出色了。"

在美军设于维尔萨姆一座校舍里的指挥部里，哈斯布洛克策划了详细的撤军方案。整个部队，数百辆载物卡车，半履带车以及坦克将于 12 月 23 日清晨开拔，将从西面由第 82 空降师控制的一条狭窄通道，实现顺利转移。这一计划看似不错，但是由于突然的解冻使泥路变

成了沼泽，方案就问题百出了。克拉克上将后来报告说，在一次视察途中，他的吉普车就陷进泥里半个车轮那么深。

12月23日早上5点，克拉克的指挥部收到了罗伯特·厄伦布施中校的一个电话，当时罗伯特的部队正拼命援助美军抵抗德军从东北方发起的进攻。"我军正在南部展开激战，"厄伦布施报告说，"我们必须设法摆脱！"克拉克告诉他再坚守10分钟，他正在做出决策。他讨厌在泥地上进行大撤军，那样行军缓慢，部队将成为德国炮兵的活靶子。

克拉克挂了电话走出指挥部。他惊喜地发现从东边刮来了一阵刺骨的寒风，当他走在指挥部外的路上时，不觉精神一振。几个小时之前，路上还是一片烂泥，但现在路面已经坚硬起来了。

克拉克冲回指挥部，给哈斯布洛克打了电话。"将军，奇迹发生了！"他大声喊道，"寒潮已经把道路冻上了。我认为我们现在就可以行军了。早上6点我们就开拔。"不久，厄伦布施的电话又打了过来。"长官……"他请求道。克拉克打断了他："好了，鲍勃，快去准备吧！"

整个椭圆形防区内，马达声再次响起，车辆开始在刚刚冻结的道路和田野上行驶。由第7装甲师的一个突击队作掩护，圣维特的守军慢慢地度过索姆河，到达了第82空降师防线后

▶蒙哥马利与李奇微共同
研究战局。

部的安全地带。克拉克站在一辆野战指挥车上，看着自己的部下一队队经过：他们身上很脏，
蓬头垢面，眼睛红肿，面容憔悴，但是，他为他们每一个人感到骄傲和自豪。当最后一辆卡
车通过后，克拉克疲惫地登上了自己的吉普车，他告诉驾驶员自己要为部队殿后。他已经7
天没有躺下好好睡一觉了；现在，虽然吉普车在泥路上颠簸不停，但他还是很快就睡着了。

虽然圣维特失守了，但第7装甲师及后备部队已经成功地将整个敌军牵制了近一个星期，
打乱了德军的计划，封锁了他们向马斯河进军的极其重要的供给线。现在盟军已在阿登地区
部署了重兵。

当坚固的椭圆形防线崩溃时，英军坦克部队正守着马斯河上的桥梁，同时，河东面聚集
着等待最后大反攻的美国第7集团军。北部战线第82空降师的东面，美国第30步兵师也进
入了马尔梅迪附近安布利夫河沿线的封闭阵地。

沿着安布利夫河部署的第30师是为了和德军坦克王牌指挥——派佩尔中校决一雌雄，他的
纳粹党卫军装甲部队正在马尔梅迪附近疯狂行军。派佩尔的突击队仍然威胁着北线，所到之处，
种种暴行震惊了平民和盟军官兵，他们肆无忌惮地由安布利夫河谷向西直奔马斯河而去。

当12月17日下午派佩尔离开马尔梅迪下面的交通要地时，他的行军路线就是沿着漂亮
的度假胜地林格维利的大道向南。和平时期游客们喜欢在林格维利附近的森林里打野猪或捕
鹿。德军希望能够占领据说设置在那里的一个美军指挥部。但是，美军的一个防空炮兵部队
也获悉一支强大的装甲部队正在行军途中，所以他们赶在德军到达之前很短的时间里，巧妙

地把设在磨坊酒店的总部清理干净。

德军还是抓住了殿后部队的 22 个美国士兵，其中 8 个人还被拉出去枪毙了。磨坊酒店善良的主人彼得·拉普——一个热情的比利时爱国者，曾经在德军占领期间把跳伞的盟军飞行员偷偷运送出去。亲眼目睹了杀人的场面，年迈的拉普怒斥了那个执行者，一个纳粹党卫军中士。那个中士打掉了拉普的两颗牙，在旁边观看的一个德军军官生气地说道："把他们都枪毙了，还有那个比利时的家伙。"

拉普和那 14 个美国士兵都被赶出了旅店，这时一个官衔更高的纳粹党卫军军官对此予以了制止。他对那个嗜血的同伴报以鄙夷的态度，同时收回了枪决的命令。虽然感激他的救命之恩，拉普仍是放心不下。德国人反复无常，随时都会翻脸不认人。后来他想出了一个主意：他很快进了酒窖，抱出许多酒——这可是他最好的香槟和白兰地。他把酒递给了德军装甲部队的士兵们，这样一来，他们的情绪就好多了。

从林格维利出发，派佩尔的装甲部队第一次撞见了美军的坦克。经过一阵短暂的交锋后，德军以一辆德国"豹"式坦克和两辆装甲车的代价，敲掉了美军两辆"谢尔曼"坦克和一辆 M－10 反坦克装甲车。这次交火之后，他们沿着蜿蜒的安布利夫河南岸一条满是泥泞的森林小道继续前进。12 月 17 日傍晚，他们抵达了斯塔沃格村对面的高地，停下来侦察地形。

那条路绕着一块悬崖有一个急转弯，然后通过一座石桥直着跨过安布利夫河递进小镇，小镇结构紧凑的建筑物让人觉得它就像是一座护城河后面的要塞，很不舒服。派佩尔的先头侦察兵回来报告说，街上全是开着前灯不停工作的卡车。虽然那只是一些准备撤退用的供给车，但却也给人一种部队集结备战的印象。只是德军坦克缺乏汽油，所以他们不得不前进，希望能够发现一个美军的燃料供应站。

派佩尔有所不知的是，美国第 291 工兵战斗营的一个分队在前面的拐弯处设了路障，埋了地雷，并配备了一支火箭筒和一挺机关枪。而就在转弯处，查尔斯·亨舍尔中士安置了大兵伯纳德·戈尔茨坦，作为守望者。

派佩尔的先头坦克慢慢靠近了转弯处，虽然行进得很谨慎，装甲板上的步兵还是在彼此说着话。背靠着路障，亨舍尔大吃了一惊，他听到戈尔茨坦突然用一种命令的语气冲着德军大喊了一声："站住！"在亨舍尔听来，这一喝是如此鲁莽、如此粗野，但又如此豪壮：一个只有一支来复枪的美国大兵，竟敢命令一队德军装甲车停止前进！

一听到戈尔茨坦的声音，纳粹党卫军的装甲兵立刻跳离座位进行射击，紧跟着就是坦克机枪的扫射和加农炮的轰炸。第一发炮弹正飞过戈尔茨坦头顶，炮口处的爆炸立刻使他耳也聋了眼也瞎了。他被炸晕了，但还活着，接着撒腿就跑。派佩尔的坦克继续向斯塔沃格桥逼

▲ 被美军击毁的德国坦克。

近。当最前面的一辆坦克到了转弯处时，被亨舍尔埋的地雷给炸坏了。派佩尔意识到他的坦克在这狭窄的路上可能会被一个一个敲掉，于是就派了 60 个士兵步行猛攻斯塔沃格桥，但是他们很快就被击退了。

派佩尔再次停下来考虑部队所面临的形势。沿着另一条路线派出的一个坦克连回来报告说那条路根本行不通。而且，他的部下多半都睡着了；他们大约有 3 天没休息了。午夜时分，斯科尔兹内突击队的一个中尉从后方带来消息说，派佩尔的后备部队陷到泥沼中去了，队伍排了数英里长。派佩尔后来说，就在那时他开始感觉到"大反攻结束了"。筋疲力尽的他决定当晚修整一下，等后备部队跟上之后，于黄昏时分对斯塔沃格发动进攻。进攻的推迟给了美军非常宝贵的时间来加强防御。

当晚斯塔沃格的守军因装甲步兵营的一个连队和一个反坦克排的加入而得以加强。特遣队指挥官保罗·J·索利斯在黎明前德军发动进攻时也带着他的部队和大炮加入了战斗。两辆"豹"式坦克在转弯处发起了冲锋，直奔石桥而去，本来美军应该可以将桥炸掉的，但不知为什么却没有炸掉。虽然第一辆"豹"式坦克被击中了，并且在桥上着了火，但它仍有足够的动力前进并突破路障。另一辆坦克也向突破口发起了攻击，后面紧跟着其他装甲车和步兵，这就迫使美军不得不撤退到小镇中心去了。

No.3　斯塔沃格桥

桥没被炸掉的一个可能的原因直到后来才清楚。此事过去几个月之后，一个工程兵中士报告了他和一个德国俘虏的一次奇怪的遭遇。那个俘虏用英语和他打招呼："你是哪个部队的？"中士告诉他之后，德国人大声笑着说："你们曾在斯塔沃格驻扎过。我可以告诉你为什么那座桥没有炸掉。因为我们修理了一下，所以才没有。"德国兵没再说什么，但是中士回想了一下进攻前的那个混乱的夜里，他们曾经和一些不同部队的美军混在一起，中士就看到过一些不认识的大兵徘徊在桥边。那个德国俘虏的话使他确信那些神秘的士兵是斯科尔兹内突击队的人装扮的，正是他们破坏了工兵们炸掉石桥的努力。

派佩尔的坦克和半履带车冲过安布利夫河进入斯塔沃格，遭遇了来自村子广场的猛烈攻击。派佩尔命令大部分部队左转穿过镇外直奔下一个目标，特洛伊－旁特，只留下了一支分队清理斯塔沃格。派佩尔的部队向西行进时，他留在斯塔沃格的纳粹党卫军装甲兵却在疯狂地杀戮。他们在安布利夫桥附近的森林边上杀死了 8 个解除武装的美国战俘。一辆德军坦克向 8 个比利时平民开火，其中两人死亡，两人重伤。在其他地方，装甲兵向 20 个平民开火，四人死亡，其余的人也都受了伤。后来，德军在城镇郊区的一座房子的地下室里发现了 26 个比利时平民，于是就往里面扔了几枚手雷。没被炸死的几个比利时人大声说他们是平民，这样他们被迫出了地窖，结果却被手枪和来复枪打死了。据统计，斯塔沃格大屠杀中总共有 101 人遇害。

在斯塔沃格坚守了几个小时之后，面对在数量和武器上都占优的德军，索利斯少校率部向北撤到了一条崎岖的山路上。在离斯塔沃格 1.5 公里处，索利斯发现了一个巨大的汽油供应站，那里的油罐大概装了 200 万加仑的燃料，那么多的油罐在路上堆了几公里长。只是索利斯身边只有那么几个士兵，又没有什么重型武器，供应站的防守成了问题。考虑了一下，

索利斯命令疲惫不堪的手下在一条陡峭的道路的转弯处后面用油罐设置了一个路障。这样，他们很快就在路上设置了几百个油罐，他们不停地忙着，直到可以听到德军的坦克正沿着那条陡峭的山路向这边赶来。

已经可以看见第一辆德军坦克时，美国大兵们引爆了油罐，路上立刻变成了一片火海。德军坦克被面前铺天盖地的大火挡住了，但是又不能从路两旁的密林中绕过去，无奈只能调转车头原路返回。其他的坦克也跟着撤到了山下。当天晚些时候，第30步兵师的一个营沿着那条路赶来解斯塔沃格之围，于是就接管了守护供应站的任务。多亏了索利斯少校的妙计，派佩尔的部队才再次被挡住了。

◀ 德军装甲部队正在集结。

◀ 被德军屠杀的美军战俘尸体。

　　在安布利夫河与索姆河汇流的特洛伊－旁特，德军遇到了另一件头疼的事。一个美军工兵营在赶去破坏那个城镇桥梁的路上，意外地遇到了一些脱离部队的炮兵，他们有一门 57 毫米口径的反坦克炮。工兵们将大炮安置在了第一座、也是最重要的那座大桥旁，然后又在桥身安放了炸药。炮兵们就像大卫等待巨人歌利亚一样，与德军的"豹"式和"虎"式坦克的大炮相比，他们的武器也就比弹弓稍微强那么一点。

　　中午过后不久，工兵们还在忙碌着，19 辆德军坦克已经接近了特洛伊－旁特。最前面的一辆坦克开了火，幸而没有击中目标。炮兵立刻用 57 毫米口径的大炮进行反击，并打坏了坦克的一条履带，所以那辆坦克就动弹不成了。炮兵们不停地进攻，就这样把德军阻挡了 15 分钟——直到工兵们完成了任务。随着一声巨响，大桥被炸断了。过了一会儿，德军一枚 88 毫米的炮弹正炸在那门反坦克炮上，4 名炮手随之牺牲。对坦克部队团长来说，桥被炸毁实在是一件令人很头疼的事。"如果我们在特洛伊－旁特桥安然无恙的情况下占领它，"他后来说，"加上足够的燃料，那天早上赶到马斯河绝对不成问题。"

　　由于向西去的干道离得很近，派佩尔命令部队向北开拔，进逼拉格雷泽村，以图发现其他前进路线。在拉格雷泽他遇到了小股抵抗，但是当他再次向南开进直奔琛努克斯的一座桥梁时，却遇到了更糟糕的情况。一架低空飞行的美军小型侦察机发现了他们，报告了他们的位置，并请求轰炸机前来攻击。因为地面上大雾弥漫，轰炸机最后终止了行动。但是，派佩尔还是浪费了两个小时的时间，并且有10辆装甲车受损，其中包括3辆坦克。更重要的是，第1集团军总部现在也知道了派佩尔装甲部队的精确位置。

派佩尔重新集结了分散的部队，向仅6.5公里远的维伯蒙特发起了攻击。但是当他靠近交通枢纽处狭窄的里耳尼河时，却遭遇了更多的工兵，阿尔文·埃德尔斯坦因中尉指挥着一个工兵班刚在哈比蒙特桥上扯起了电网，现在又正忙着在支路上埋地雷。

下午5点左右，工兵们发现了德军坦克的行踪——借着逐渐消失的阳光，一群黑影正从树林后面经过。一辆"虎"式坦克用其88毫米口径的大炮向美军开了一炮，但是没有击中目标。佛瑞德·查宾下士手中拿着起爆器，等到埃德尔斯坦因中尉一声大喊"炸！快炸！"，立刻转动了引爆栓。只见一道熟悉的蓝光一闪，紧跟着一声巨响，他才长长舒了一口气。

当领头的坦克用机枪向他们扫射时，工兵们快速跑上公路，跳上正开着的一辆卡车，顺利逃脱。派佩尔的部队没有带架桥设备，这必将减缓他快速移动的突击队的行军速度。无奈他只好再次返向拉格雷泽，以图发现其他通路。

趁向北撤退之机，派佩尔攻下了拉格雷泽以及努克斯等地的一些边远城镇，希望将其变成一个坚固的三角防区。但是那时，他已经被第32步兵师和第82空降师包围了；而他后方16公里处，第1纳粹党卫军装甲师的大部分部队既无法渡过斯塔沃格的安布利夫河——因为斯塔沃格已被盟军第30师重新占领，也不能越过特洛伊-旁特附近的索姆河。同时，派佩尔的先头部队也已经被切断了它正急需的燃料、食物和弹药的供给。

派佩尔的装甲部队顽抗了好几天，最后被赶到了拉格雷泽附近的一个低洼地带。12月23日下午，派佩尔认识到其最后的希望也就是从东边突围找到大部队了。

当美军炮兵轰击拉格雷泽镇时，派佩尔命人把俘获的美国军官，第30师的哈尔·D·麦克考恩少校，带到他的地下指挥所。在上一次的交谈中，麦克考恩就发现派佩尔是一个受过良好教育、英语讲得很流利而且不乏幽默感的人。但是，他也听说关于马尔梅迪大屠杀的消息，所以很担心被派佩尔抓到的那149个美军战俘。他厉声问派佩尔到底想干什么。派佩尔微微一笑，然后解释说，在他曾经待过的苏联前线，德苏两国都把对方看做是野兽，但是在西线德军用的却是完全不同的方式。

派佩尔说，现在，他想和美军做个交易。为了撤到安全地带，他愿意放弃所有车辆和装备，并释放所有伤员和战俘。如果麦克考恩可以保证拉格雷泽的美军指挥官释放所有德军伤员的话，他打算释放所有美军战俘，但麦克考恩要留下作人质。麦克考恩回答说，他无权要求美军指挥官签订任何协议，他所能做的只是作一个报告，说明派佩尔的那个交易。写了报告并签了字之后，麦克考恩把它交给了另外一个美军战俘，他是一个上尉。

第二天凌晨 1 点钟左右，派佩尔的残余部队——5,000 人的整编部队中的 800 人——步行静悄悄地离开了拉格雷泽。这些装甲兵们过了安布利夫河上的一座小桥，向一片树林前进，希望可以穿过第 82 空降师的防线。在一片夜色中，麦克考恩和派佩尔并肩在深可及膝的雪地上走了数个小时。破晓时天放晴了，派佩尔指了指在阳光下闪闪发光的杉树，"少校，"派佩尔冷笑着说，"那天晚上我曾保证送给你一颗圣诞树作礼物。看，就在那里呢！"

当晚，也就是圣诞节前夜，疲惫的德军冲进了特洛伊－旁特南 4.8 公里左右的美军前哨阵地。在接下来的交锋中，麦克考恩趁机溜进了灌木丛。他静静地躺了一会儿，然后开始向美军一方爬去。爬了大概 90 米那么远，麦克考恩站起来很谨慎地向前走着，并尽可能大声地吹着口哨，吹的是一支很流行的美国曲子。然后有人在黑暗中大喊了一声："该死的，站住！"麦克考恩这下确信已经回到美军部队所在地了。

▼ 美军在战壕抗击德军进攻。

▲ 在雪地里作战的美军士兵。

第六章

血战

　　凌晨 5 时 30 分，整个进攻前沿都接到了简短的开战命令。我们连开始向西依次排开。由于过于激动，我们不停地打颤。手表早就对过时间了……20 秒……10 秒……5……4……3……2……1……随着一声"开火"的命令，数千门火炮、榴弹炮和火箭炮几乎同时开火，一道道火光喷射而出，一排排炸弹倾泻而下。火光照亮了伞兵部队东边的天空，漆黑的夜晚顿时白炽如昼……凌晨 6 时，所有的噪音戛然而止！随后传来了"冲锋"的命令！我们开始向前冲去！

　　　　　　　　——德军第 9 燧发枪团第 1 连伞兵鲁迪·弗鲁贝塞尔

No.1　蒙绍之战

　　赫芬村位于第6装甲集团军北部防区，从此处可以俯视蒙绍地区的各条公路，因此成为德军的重要进攻目标。对于双方而言，谁占领了赫芬，谁就能够控制通往奥伊彭的公路，而美国第5军的司令部就驻在奥伊彭。美军第395团3营担负着赫芬的守备任务，他们被德军炮火惊醒之后，立即投入到保卫赫芬的战斗中。德军炮火给赫芬造成了巨大的破坏，许多房屋被炸弹击中，纷纷倒塌，街道上硝烟四起。在德军炮击结束之后，第3营营长麦克勒南德·巴特勒中校发现，他与炮兵部队的联系已被切断。虽然情况不是很理想，但第3营仍然有充足的力量应付将要到来的进攻。首先，自从12月初到达赫芬以来，他们就修建了大量的防御工事。由于部队都隐蔽在顶部坚固的散兵坑中，虽然村庄自身受到了严重的毁坏，但第3营几乎没有人员伤亡。另外，赫芬地处山区，比较容易构筑防御工事。巴特勒中校此时非常清楚，他的部队仍在坚守阵地，仍处在有利的射击位置。与此同时，第3营还可以申请第612坦克歼击车营的火力支援。第612坦克歼击车营隶属于第2师，由于担负进攻鲁尔大坝的任务，需要穿过第99师的防线。此时，这支部队刚好前进到赫芬。

　　德军炮火减弱后不久，德军第326国民掷弹师的步兵攻击分队就出现在美国人的视线里。后来，有些人将德军的进攻描绘成如"潮水"般汹涌，其实有点言过其实，因为此时参加进攻的德军陆军力量并非很强。按照德军计划，此次进攻由第246和第326国民掷弹兵师共同组织实施。但是，由于美军将要向德军防线发起进攻，第246国民掷弹兵师受到了牵制，驻留原地无法参加此次进攻。并且，在第326国民掷弹兵师中，并非所有兵力都参加了此次战斗。它的一个营被调往鲁尔大坝，参加那里的协防任务，虽然接到返回的命令，但此刻还没有抵达。此外，还有一个营被调往瓦勒希德，防止美军第2师的进攻。所以，此时发起进攻的德军兵力加起来只有4个步兵营，而非德军计划中的14个营。

　　德军步兵在陡峭的山坡上缓慢前进，在距离美军200米左右时，美军士兵手中的各种武器突然开火，子弹像暴雨一样倾泻过去，成排成排的德军倒下。但是，意志坚定的德军依然向前猛攻。在许多情况下，除非掉入美军的散兵坑，否则不会停止进攻。由于部队混在一起，德军攻击炮火无法轰炸美军阵地，只能被迫撤退。有30多名德军曾试图进入第3营的两个连队阵地之间的民房，结果经过1个小时的激战，他们被赶了回去。在德军暂时撤退之后，第3营开始检查伤亡情况，共牺牲了4人，而德军被击毙100余人。德军12月16日的进攻就这样结束了。第二天，德军在突击火炮的掩护下又发起了新一轮的进攻。美军火力的杀伤力与第一天相比毫不逊色，当德军接近村庄时，他们很快就会在美军的火力下成群倒下。就在破晓时分，一个德军小分队突破了一处防线，试图进攻第3营指挥部，就在这时，巴特勒中校

▲ 发起攻击的德军士兵。

恢复了与外部的通讯联系，迅速呼叫炮兵向他所处的位置发起炮击。在实施这一无奈之举的过程中，反坦克火炮充分发挥了作用。德军火炮被迫回撤，在失去炮兵火力支援之后，步兵部队无法继续前进。德军又一次被击退，从此结束了对赫芬的进攻。

德军对赫芬的进攻表明，希特勒认为美军在突袭之下将会迅速溃败的断言是无稽之谈，500 多名德军在进攻中死亡充分证明了这一点。赫芬仍然牢牢掌握在美军手里。

与赫芬相比，德军在蒙绍也面临着同样的命运。驻守蒙绍的美军是第 38 骑兵侦察中队，由罗伯特·奥布赖恩中校指挥。这支部队虽然人数少，但拥有 50 挺刚刚送到的用于加强防御的机枪。除了右翼地形陡峭，便于进攻德军隐蔽外，第 38 骑兵侦察中队防御阵地总体比较理想。因为，从它的防御位置可以利用火力有效地控制通向蒙绍的斜坡。与赫芬不同的是，陆军元帅莫德尔不希望蒙绍在战争中遭到破坏，命令部队不要对其实施大规模炮轰。

担负进攻蒙绍任务的是德军第 752 团。在炮击过后，第 752 团开始发起进攻。据美军骑兵侦察中队前哨侦察得知，进攻蒙绍的德军来自东南方向。当德军从东南方向的大路向前推进到美军设置的路障时，美军迫击炮首先开火，每个美军士兵都充分利用手中的各种武器向德军猛烈开火。在这次战斗中，美军还使用了轻型坦克上配备的 37 毫米火炮向德军密集的方向发射炮弹。德军的第一次进攻很快就被美军击退，他们又做了几次努力，企图在 12 月 16 日拂晓攻占蒙绍，然而他们的努力再次被美军粉碎，只能停止了第一天的行动。

在此次战役中，双方之间另一次交战发生在小镇布赫霍尔茨。美军第 394 团第 3 营作为师预备队驻守该小镇，当他们遇到德军第 12 国民掷弹兵团突如其来的进攻时，感到有点惊慌失措。对于德军而言，控制铁路十分重要，所以向布赫霍尔茨车站发起了攻击。在德军的秋季撤退中，他们曾炸毁了该地区穿越铁路的公路桥。但是，现在他们处于进攻的位置，没有这些公路桥将给他们带来极大的不便。这一地区密布的森林意味着德军坦克必须依赖公路前进，如果装甲部队能够到达洛斯海姆，进而向默兹河发起攻击，就必须使用这些已经被毁的大桥。现在对德军来说，唯一的办法就是占领铁路线，同时迅速派遣工兵对桥梁进行修复。第 12 国民掷弹兵团的任务就是防止美军袭扰德军的修桥行动。

在凌晨 4 时之前，派佩尔的部队惊醒了冯·霍夫曼的第 1 营的伞兵。伞兵们立即爬起，迅速登上派佩尔部队的坦克前往战场，准备在布赫霍尔茨车站与美军展开决战。在部队全部集结完毕后，派佩尔的半履带式指挥车立即开到了编队最前方，而后开始出发。

在布赫霍尔茨车站，罗斯中尉正在听取手下的排长们的汇报，说是已经能够听见敌军车辆（其中包括坦克）正在驶来。就在汇报结束后不久，其他一些电报也证实了这一情况。罗斯在确认了这些报告之后，命令部队不可轻举妄动，没有他的命令绝对不能开枪。如果德军力量非常强大，他们甚至有可能撤退。对于德军而言，美军暂时不开火还有一个好处，那就是可以使一些缺乏战斗经验的德军士兵的紧张情绪多少有所缓解。然而，尽管在前进时没有遇到任何抵抗，但在即将开战时，他们禁不住紧张起来。当德军出现在美军阵地周围时，罗斯当机立断，命令部队立即开火。命令下达后，凌晨的寂静就被惊天动地的炮火声和火箭弹声打破了。在美军火力的猛烈攻击之下，大批德军伞兵四处逃散。但是，派佩尔指挥的战斗大队却取得了非凡战绩。一辆"旋风"自行高射炮奉命冲到编队前方，对美军阵地发起猛攻，在一连串的炮弹之后，美军毫无还手之力。"旋风"自行高射炮的猛烈火力，打得美军无法抬头，德军伞兵这时趁机突入 K 连的阵地，双方随后展开了惨烈的白刃战。美军进行了顽强抵抗，但防御阵地还是被德军攻破。在攻破美军阵地之后，派佩尔命令坦克部队继续前进，开始使用机枪和主炮攻击美军。数以千计的炮弹如冰雹般地落在车站周围的建筑物上，很明显，战斗已经接近尾声。在美军第 3 营的指挥所里，诺曼·穆尔少校沮丧地听着布赫霍尔茨车站发来的战况报告。紧接下来，罗斯的无线电报务员阿尔文·劳施中士用平静的语气向第 3 营指挥部报告，德军已经攻破他们的指挥所，并且将罗斯中尉俘虏。接着，他继续用同样的语气要求营属炮兵立即轰炸自己所在的阵地。此外，为了避免无线电发报机落入德军手里，他决定将其毁坏。随后，他关闭了无线电发报机，无线电联系从此中断了。最终，布赫霍尔茨车站还是失守了，但比德军原定的占领时间晚了将近 24 小时。

美军第 394 团 3 营 L 连驻守在布赫霍尔茨，在这个连队发生了一件有趣的事情。德军密集的炮火迫使 L 连的士兵纷纷躲进掩体，在经历德军炮兵 90 分钟的轰炸后，没有任何人员伤亡。炮击结束后，士兵们迅速从掩体走出，开始排队用餐。L 连的官兵们对这顿早餐可以说是期待已久。因为野战厨房在一天前刚刚运抵，所以对他们来说，这将是几天来第一顿热气腾腾的饭菜。大约 7 时 45 分左右，饥肠辘辘的士兵们正在焦急地排队打早饭，发现从铁道方向并肩走来两排人，估计大约 50 人，但由于晨雾很大，很难识别出这些人的真实身份。他们认为对方可能来自第 394 团，后来一致认定是第 394 团的军械排。

监督早餐分发情况的一级军士长埃尔默·克鲁格对上述猜测持有疑虑，他在浓雾中努力观察这些人的身影，结果让他大吃一惊：正在逼近的是一群德国人。几乎就在同时，有人听到了这些身影说话的声音，但并不是英语。此时的克鲁格已经不需要任何确认了，因为他已经举起了手中的 M1 "汤姆森"冲锋枪迅速打响。此时，整个场面乱成一团，再也没有人顾及早餐了，L 连士兵迅速抓起武器朝德军开火。对 L 连的人员来说，12 月 16 日的早餐，连同其他两餐又被迫延后了。

在这期间，还发生了一件发人深省的事情：公认最优秀的坦克兵团指挥员，德国党卫军独立第1坦克旅旅长林斯曼上校踌躇满志，准备开始按预定计划出击。一个士兵捡到了美军士兵的一个生日蛋糕，旅长仔细一看，吓得浑身哆嗦。

林斯曼旅长拿着蛋糕找到中将军长："（纳粹）帝国前途不妙！"

德军中将军长："你在害怕什么？"

党卫军坦克旅长："这个蛋糕是昨天纽约制造的，上面写着是给某个美军士兵过生日的，现在被我缴获了。但是我不明白的是，美国人怎么居然有这个汽油和飞机运输蛋糕到法国来。而我坦克旅只有1/4的油料基数。"

德国军长："林斯曼旅长，你不要害怕。你是我军最优秀的旅团长，我给你的是最先进的"虎"式坦克。只要你突破美军防御前沿，然后抢到美国的汽油，你就为帝国立下了大功！然后我军将发挥敢死精神，我亲自指挥后续部队一拥而上，全面突破，将盟军战线割裂，一举穿插到到安特卫普，彻底打败盟军的猖狂进攻。帝国成败，在此一战！各位务必奋勇向前，报效元首！"

林斯曼旅长一个标准立正："嗨！！（希特勒！）"

德军独立坦克旅与美军激战，顺利突破，歼灭美军一线坦克营，步兵营，并占领小镇，

▼ 党卫军装甲部队向前线开进。

逼退美军第 4 师 20 公里，此时，德军坦克油料耗尽。林斯曼旅长："我旅已顺利完成第一阶段进攻任务，请指示下一步任务！"

军长："你们战车旅团就再辛苦一点，距离你部 20 公里，西侧，据查有美军一个团级油库。如果缴获，将可以保障我军一次战役行动。我命令你们旅尽快抢占该油库！"

当德军坦克旅赶到该油料库，美军在撤离前，已然纵火烧毁了油库。

No.2 命中与脱靶

德军士兵像炸了锅一样到处寻找可以藏身的地方，有的钻到了车站的闷罐车皮底下，有的顺势滚到了铁道边的壕沟里。德军士兵在进入相关的隐蔽物后，迅速展开对美军的还击。第 395 团反坦克连迅速支援 L 连，使用 57 毫米口径火炮对闷罐车皮进行轰炸。炮手们向闷罐车皮连发几炮，与此同时，约翰·克莱普尔奉命用火箭筒对闷罐车皮进行射击，但他的运气不是很好，连发几次都没有命中目标，他感觉自己从来没有这么差的表现。他的第一发火箭弹打得太近了，在对目标进行校正之后，第二发又打高了，他再次瞄准了目标，但这一次又打近了，火箭弹落在了距离闷罐车不远的第一枚火箭弹爆炸的地方。虽然他又一次校对了目标，但第四发火箭弹还是擦着闷罐车顶部飞了出去。这时，专业军士乔治·博德纳在完成对一名伤员的救助后，顺势滚到了约翰·克莱普尔的身边，博德纳一边打招呼一边问克莱普尔为什么今天的射击这么大失水准，克莱普尔还是抱怨自己的运气太差，于是把火箭筒交到了博德纳的手中。

在这种激烈的战斗中，似乎应该让克莱普尔这样的专业射手来装填、瞄准和射击，但现在他将武器交到博德纳手中。在克莱普尔装填好火箭弹之后，博德纳静下心来，聚精会神地进行了瞄准，第一发火箭弹打出去后，仅与闷罐车皮相差几码的距离，紧接着第二发又打了出去，这一发火箭弹准确地穿透了闷罐车皮，这时的德军迅速作鸟兽散，四处寻找新的藏身之地。就在此时，博德纳的第三发火箭弹已经上膛，打出后直接掀掉了闷罐车的顶部。与此同时，又被反坦克火炮击中，整个闷罐车燃烧起来，简直成了一条火龙。活着的德军士兵纷纷逃窜，寻找藏身之地，但四周都是美军子弹射击时溅起的尘土。

就在此时，德军大炮开始轰炸车站。但数分钟后，炮声渐渐稀疏下来，然后就停止了。美军认为德军已经开始撤退，为了节省弹药，指挥官们命令士兵停止射击。随后，美军士兵开始收拢，向闷罐车附近靠近，对残余德军进行围剿，最终抓获了 30 多名俘虏。

L 连连长诺曼·穆尔少校并不认为德军已经停止了当天的进攻，派出一位传令兵前往 K 连

▲ 被美军俘虏的德国党卫军士兵。

附近，请求 K 连连长韦斯利·西蒙斯上尉前来增援。同时，穆尔下令来自 M 连的迫击炮排在接下来的战斗中提供火力支援。就在穆尔采取这些举措的时候，一支德军巡逻队闯入了 K 连的防区，在短时间的激烈交火后，很快就被击退了。他们认为德军将很快再次发起进攻，于是开始挖掘防御工事。14 时 50 分左右，美军侦察到一支德军正在向 K 连阵地前进，不久又发现了一支德军巡逻队，立即向其开火。美军火力进攻时断时续，德军在对美军火力点侦察完毕后，也迅速撤退。10 分钟后，德军再次向美军发起进攻，首先用迫击炮对布赫霍尔茨车站进行轰击，随后又派遣两个连向 K 连发起攻击，双方再次交火，打得难分难解。

德军向附近农场的一座圆顶房屋逼近，美军反坦克排排长、军士长萨维诺·特拉瓦利尼当时正在对面，他发现德军在屋子外面架起了机枪。德军使用 MG42 机枪朝他们疯狂扫射，特拉瓦利尼很快意识到这些机枪的严重威胁：如果德军机枪火力压制住了与反坦克排并肩战斗的第 3 排，就会对 K 连侧翼构成巨大压力，甚至可能将整个营包围。在考虑到这些情况后，特拉瓦利尼意识到问题的严重性，于是迅速将所有手榴弹都集中起来，装进了一个袋子，背着袋子向前匍匐前进，在前进过程中，他不停地用手中的 M1 卡宾枪向德军射击，当断定自己已经到了距离德军机枪阵地适度的位置时，他突然跳起，准确地将手榴弹投向了德军阵地，然后迅速就地隐蔽。随着一阵剧烈的爆炸声，德军机枪手顿时灰飞烟灭。在硝烟之中，特拉瓦利尼返回己方阵地。

虽然德军的 MG42 机枪手被美军消灭，但他们在圆顶屋中的火力依然非常猛烈。特拉瓦利尼示意一个士兵拿给他一具火箭筒和两枚火箭弹，装好之后瞄准了圆顶屋，而后扣动扳机。火箭弹击中房屋中部，屋子顿时浓烟四起。两名被炸得晕头转向的德军摇摇晃晃地从屋子里走了出来，特拉瓦利尼端起了 M1 卡宾枪，连发两枪，双双命中，一名德军被击中心脏后当场毙命，一名德军受伤后落荒而逃。

在激战中，西蒙斯上尉一直搞不清己方的人员伤亡情况。德军撤退后，他惊讶地发现只有一两个人伤亡，为此感到非常欣慰。考虑到战斗如此激烈，他原以为伤亡人数会远远超过这一数字。

No.3 美军王牌部队

在阿登山区北侧比利时境内有一个小村庄，名叫兰茨拉特，它位于美军防御北线的南翼。村子建在一个小山坡上，总共才有 10 余幢小房。村西有一个小山丘，山丘的另一侧是一片茂密的森林。兰茨拉特村的重要性在于它位于一条重要公路交叉路口以南仅 90 米处，而这条公路正是德国第 6 党卫军装甲集团军即将争夺的一条公路，是德军前往列日的一条最佳路线。

上午 11 时 30 分，第 99 师司令部得到消息：第 14 骑兵大队已经撤出兰茨拉特小镇，这样一来，在兰茨拉特西北方向仅仅剩下了一支小部队——莱尔·鲍克中尉指挥的情报情侦排（简称情侦排），他们正在那里的一处高地修筑工事。

莱尔·鲍克虽然只有 20 来岁，在情侦排中的年龄倒数第二，但有着非常丰富的作战经验。他的父亲曾在国民警卫队服役，早在 1938 年，他就说服儿子参加了在圣路易斯举行的国民警卫队夏令营，同时还利用自己的关系在国民警卫队打通关节，放松条件，让当时未满 15 周岁的莱尔·鲍克报名参加了这个夏令营。作为年龄最小的成员，莱尔·鲍克被分配到了第 35 师第 138 团的仓库工作。1940 年圣诞节前夕，第 138 团转入现役，前往阿肯色州的小石城，鲍克也跟随部队来到这里，这时他才 17 周岁。由于鲍克在仓库的工作非常出色，很快被提升为中士。根据有关计划，第 138 团服现役的时间只有一年，但就在这年快要结束时，日军对珍珠港发动了空袭，这时鲍克差 10 天才满 18 岁。

在举国上下抵抗侵略的大气候下，鲍克报名参加了军官候补学校，在 1942 年 8 月以二级中尉的身份毕业。由于在校期间表现出色，在毕业后被留校任教，担任了两年的讲师，随后被送入军官高级课程班学习。毕业后，他被派往得克萨斯州胡德堡一个训练中心担任连长。然而，鲍克并不愿意在训练中心工作，于是申请到了第99师工作，后来被任命为第394团军械排排长，随后又被调往C营，担任参谋军官。鲍克担任这一职务的时间并不很长，在第394团的一次演习中，由于情侦排表现拙劣，导致排长和394团团长双双被免职。新任团长进行了人事调整，任命罗伯特·克里兹担任该团情报主管。克里兹上任后对情侦排人员进行了调整，仅保留了原先4名成员。就在克里兹苦于没有合适人选担任情侦排排长的时候，在一次偶然机会中，他发现了当时正在组织机枪射击训练的鲍克。鲍克的出色表现给克里兹留下了深刻印象，于是他立即决定由鲍克担任情侦排排长。此后，鲍克与克里兹共同挑选了32人重新组建了情侦排。在鲍克担任排长后，情侦排的面貌焕然一新，战斗力明显提升。但是，就在德军1942年12月16日发起进攻的前夕，该排人数下降到了24人，由于有6人在外面执行任务，在抗击德军的进攻中，情侦排只有18人参加了战斗。

　　显然，鲍克丝毫没有察觉到德军的进攻计划。12月16日凌晨5时30分，在听到德军的炮声时，他迅速命令部队进入掩体，和战友们亲眼目睹了德军炮火染红了整个天空。德军的炮击整整持续了90分钟，情侦排一直隐蔽在掩体当中。德军第一轮的猛烈轰炸让情侦排士兵们感觉到整个大地都在颤抖。鲍克在拨通团部的电话后获悉，第99师所有部队都遭到了炮击。在炮击结束后，情侦排离开掩体开始检查人员伤亡情况，幸运的是没有出现伤亡。然后，鲍克举起望远镜向南面眺望，做出了一个非常正确的判断：如果没有后续部队的话，德军不可能发起如此猛烈的炮击。上午8时30分，他们已经听到了从洛斯海姆传来的步兵轻武器发出的声音。鲍克迅速顺着声音向北面观察，希望能够发现一些新情况。他发现，4辆拖着反坦克火炮的半履带式车辆正在驶离小镇，这些火炮来自第820坦克歼击营A连。鲍克对此非常惊讶，虽然情侦排与坦克歼击车部队并不属于同一单位，但他已经与该部队的炮手们建立了联系，在这一紧要关头，这支部队没有任何解释就仓促出战，显然不可思议。

　　情侦排的比尔·斯莱普中士认为，他们之所以这样做，唯一的可能就是出现了紧急情况，鲍克跳进散兵坑，从无线电话务员、二等兵坎尼卡斯手中拿过步话机，直接呼叫团部，向情报主管克里兹汇报情况。鲍克告诉他坦克歼击车部队已经离开阵地，随后又向团部询问了作战指令。在通话当中，鲍克接受了在兰茨拉特小镇建立前沿观察哨的任务。虽然建立一个观察哨需要4个人，但鲍克认为建立由两个人组成的观察哨比较适当。鲍克随后决定，他将带领由斯莱普、坎尼卡斯和二等兵约翰·克雷格组成的巡逻分队进入小镇，当他们向小镇进发时，第371野战炮团一个4人观察哨正透过浓密的大雾，从观察点侦察敌情。观察哨的指挥员沃伦·斯普林格中尉通过望远镜努力向远处张望，当他的副手彼得·盖奇上士问他有没有发现情况时，他并没有立即回答。突然，透过望远镜，他发现大批德军正在向小镇靠近，于是马上请求炮火射击，但由于目标不在射程之内，炮兵无法立即实施攻击。在此情况下，斯普林格并没有坐以待毙，他知道对于自己来说，所要做的事情就是迅速撤退，快速向附近山头转移，这样才能处于有利的观察位置，随时指引炮兵发起攻击。

就在斯普林格的观察分队乘坐吉普车离开兰茨拉特后，鲍克的巡逻小分队刚好抵达。为

▼ 在阿登山区抵挡德军士兵猛烈进攻的美军士兵。

了隐蔽行动，鲍克率领小分队一直沿着峡谷前进，最终抵达了斯普林格的观察哨的房屋附近。进屋之后，坎尼卡斯立即开始检查屋顶，鲍克紧随其后。在第一间房内，他们发现一位年龄较大的男子正在紧张地打电话。因为此人正在用德语交谈，情况非常可疑。坎尼卡斯认为此人可能是一名间谍，于是一个箭步冲到跟前，一把夺下话筒，用枪指着对方。坎尼卡斯准备击毙此人，但还在犹豫之中。鲍克也认为此人极有可能是一名间谍，但他告诉坎尼卡斯，不能将此人当做战俘处理，示意坎尼卡斯将他放走。那位老年男子乘机逃出了房间。

鲍克命令斯莱普在楼上建立观察哨。他和坎尼卡斯准备携带连接哨所和情侦排之间的电话线马上返回。就在鲍克下达命令时，坎尼卡斯听到了吉普车的声音，他迅速冲了出来，四处张望，发现成群的士兵正在向小镇前进。鲍克随后也跑了出来，通过仔细观察，从士兵佩戴的钢盔上断定这是一支德军伞兵部队。在斯莱普的强烈要求下，鲍克和坎尼卡斯匆忙离开，沿着来路直接返回情侦排的阵地。斯莱普和克雷格奉命留下，继续观察敌情，尽一切可能向后方发回报告。但是，当德军逐渐逼近时，他俩也不得不离开观察哨，向情侦排的阵地回撤。

德军士兵小心翼翼地向前缓慢推进，这就给鲍克和坎尼卡斯提供了充分的撤退时间，同时，德军的缓慢推进也为斯莱普和克雷格撤离观察哨提供了同样的机会。德军推进速度缓慢的原因，主要是由于这支部队缺乏作战经验。在这支部队当中仅有一到两名老兵，其余人员主要来自德军空军部队。其指挥官冯·霍夫曼是一个过于谨慎的人，此前一直在柏林的德军机关工作，在数星期之前才受命指挥这支部队。从一定意义上讲，霍夫曼是一个不求有功、但求无过的人，他不希望犯任何错误或者出现任何意外风险，他认为降低风险的最佳方法就是放慢部队的推进速度，这就意味着德军不可能很快发现离开观察哨的美军士兵。在离开观察哨数分钟后，鲍克和坎尼卡斯就回到了排里，随即接通了与前方观察哨的联系。同时，鲍克命令情侦排全体人员做好与德军作战的准备。然后，鲍克再次拿起电话向团部汇报，至少有一个营的德军已经进入兰茨拉特，请求炮火支援。与鲍克通话的是一位他不认识的军官，对方不相信鲍克汇报的情况，认为他是主观臆测。最后，这位军官不但没有提到对鲍克进行火力支援的问题，而且还下了一道粗鲁愚蠢的命令——不惜一切代价守住兰茨拉特。鲍克气得将话筒扔到一边，重新返回指挥位置，继续观察德军推进的情况。

这时，有4个人乘坐吉普车来到情侦排阵地，这引起了鲍克的注意。其中一人在散兵坑里到处寻找情侦排指挥官，在找到鲍克后，他把自己的名字——沃伦·斯普林格告诉了他。得知来人是炮兵部队人员后，鲍克感到一丝宽慰。虽然进攻德军与防守美军在力量上很悬殊，但鲍克明白，一旦美军与德军真正交手，他们作为侦察兵能够迅速准确地为部队提供各种情报，为火力进攻指引目标。这时，斯普林格架起了无线电台，鲍克开始呼叫负责在兰茨拉特

▲ 德军机枪手向美军阵地射击。

小镇内报告情况的斯莱普。

　　后来，德军到达了作为观察哨的建筑物，随后进入了第一层房间。鲍克命令仍然坚守在观察哨内的斯莱普和克雷格在确保自身安全的情况下，尽快离开。当斯莱普和克雷格穿过丛林，到达情侦排的阵地后，撞上了鲍克和坎尼卡斯。因为就在救援小分队离开后不久，鲍克有点焦急，决定亲自寻找斯莱普和克雷格。事实上，斯莱普和克雷格在回来的路上曾与由麦吉、西尔沃拉和鲁宾逊三人组成的小分队擦肩而过。三人小分队抵达小镇后，找到了斯莱普和克雷格藏身的谷仓，这时他们发现退路已被德军机枪封死，要想返回丛林，他们必须等待敌人的机枪手离开，因此将经历一段漫长的等待时间。

　　但遗憾的是，就在越过横穿丛林的公路的时候，他们被两个德军伞兵发现了，其中一名德军端着 MG42 机枪。德军士兵发现目标后，立即开火。克雷格身手敏捷，在飞快地穿越公路后，立即消失在丛林之中。斯莱普却没有那么幸运，在被一发子弹击中脚跟后，他重重摔倒在地，折断了数根胸骨和肋骨，尽管如此，他还是顽强地爬了起来，冒着枪林弹雨向丛林拼命地奔去。

战斗仍在进行。麦吉、西尔沃拉和鲁宾逊三人组成的小分队发现，堵住他们返回道路的德军机枪手已经转移了射击位置，于是开始迅速转移。他们打算沿着通往布赫霍尔茨车站的铁路前进（他们认为现在已经不可能重返情侦排的阵地），与那里的部队会合。就在他们穿越丛林的时候，被德军第 27 燧发枪兵团的士兵发现。麦吉三人知道，虽然自己在人数上处于绝对劣势，但在这种情况下，他们别无选择，只能还击。几名德军在他们的射击之下应声倒地，但是其他德军立即向他们还击。西尔沃拉的肩部中弹，鲁宾逊的腿部负伤，虽然麦吉很幸运，没有受伤，但弹药已经用尽，只能被迫举手投降。德军把麦吉带走，将西尔沃拉、鲁宾逊与德军伤兵一起留下，由医护兵对他们进行治疗。

在情侦排打退了德军的进攻之后，鲍克迅速清点伤亡人数，同时重新分配弹药，做好击退德军再次进攻的准备。然后，他再次向团部汇报了情况。除了鼓励鲍克守住阵地之外，团部没有做出其他的指示，这使得鲍克确信，团部根本就没有掌握德军对布赫霍尔茨进攻的规模。在这种情况下，鲍克只能鼓励他的部下做好击退德军下一次进攻的准备。

11 时，德军开始了新一轮的进攻。鲍克始终感到不可思议，因为德军的进攻始终如出一辙，使用的进攻战术与第一次完全一样，从正面发起进攻。就在德军接近阵地的时候，情侦排的火力横扫过去，成片的德军再次倒下。如同前几次一样，在情侦排顽强火力的还击下，德军再次被击退，阵地前面布满了德军尸体和伤员。11 时 45 分，德军请求美军允许其卫生兵到前沿阵地抬下伤员，鲍克答应了德军的请求。在此后一个小时左右的时间内，德军卫生兵在美军的眼皮底下，在阵地前沿来回穿梭，他们先将伤员进行临时处理，然后再运送下去。在此期间，鲍克一刻也没有闲着，他一直寻求团部的增援和炮兵部队的火力支援，始终没有获得成功。斯普林格也极力向炮兵部队说明，自己正面临着强大的德军的进攻。但他们的努力同样无果而终，唯一能做的只有等待。

在德军的第三次进攻被击退后，鲍克再次对战场情况进行评估。情侦排目前已经处于生死存亡的关头：包括鲍克自己在内仅存 12 人，两挺机枪之中的一挺因为枪管温度过高无法继续射击，安装在吉普车上的那挺机枪因为被子弹击中而出现故障。此外，弹药也所剩无几。鲍克在冷静考虑了目前的形势后认为，除了撤退之外，他们已经别无选择。于是，他下令部队准备撤退，并将撤退的信号定为一声口哨加三声枪响。就在情侦排的勇士们进行撤退准备的时候，鲍克决定留下来继续坚守阵地。庆幸的是，坎尼卡斯这时从被击毁的吉普车方向走过来，他发现情况有点不对劲，急忙向鲍克询问，当鲍克说出自己准备留下时，遭到了他的强烈反对。坎尼卡斯说，如果鲍克独自留下来坚守阵地，情侦排全体人员都不会撤退，将和他一起战斗到底。在此情况下，鲍克只好同意一起撤退。当他准备发出撤退信号的时候，德

▼1944 年，党卫军指挥官霍夫曼（左）在阿登地区。

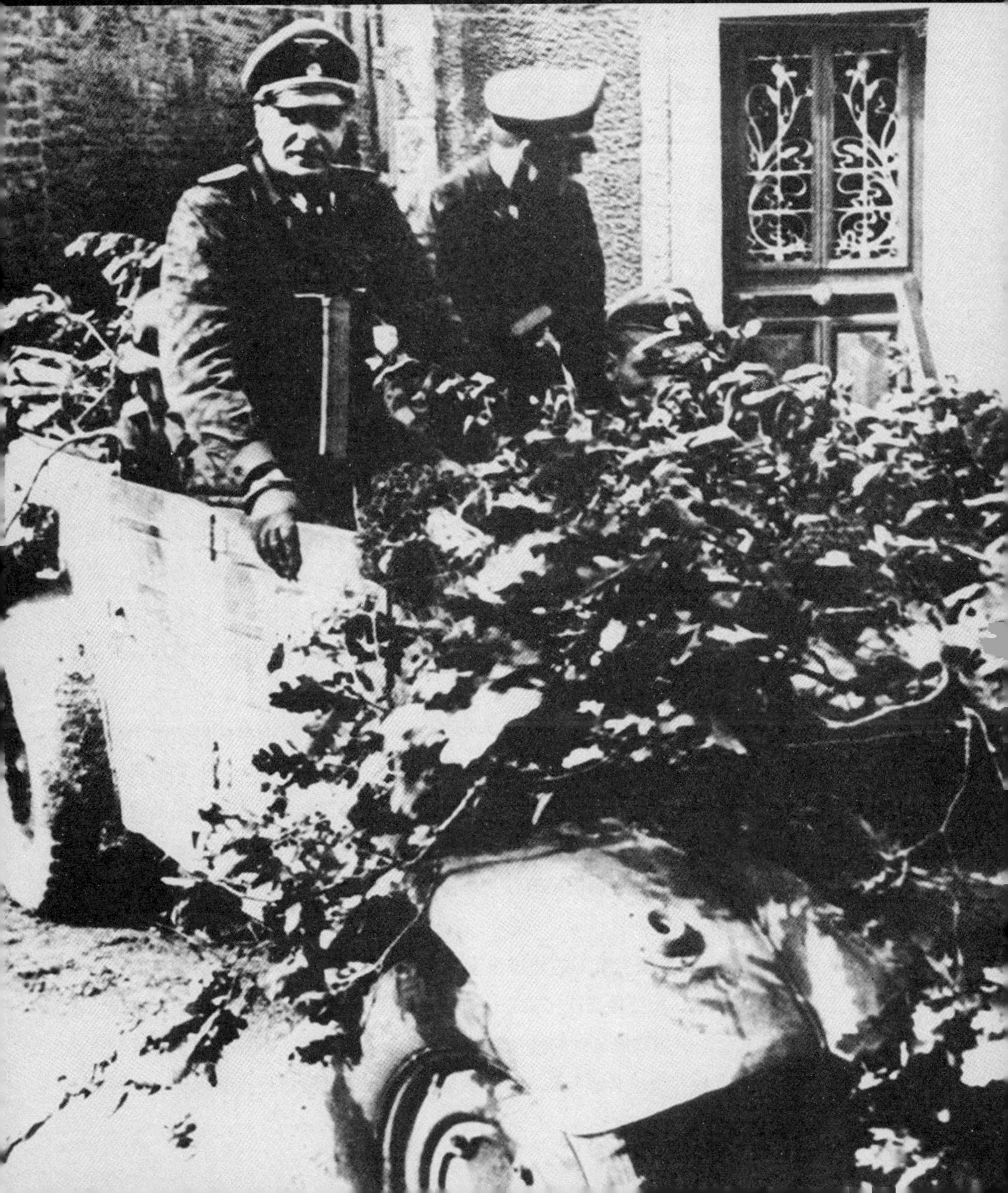

军从左翼发起了进攻。紧接着，他们又在右翼发现了德军的进攻。

德军进攻战术的变化也经历了一个曲折的过程。在德军指挥官讨论下一次作战方案时，伞兵部队中一名经验丰富的老兵再也沉不住气了，他站了出来，直接指出指挥官们的战术失误，要求立即停止目前这种自杀式的进攻模式，同时阐述了自己的战斗主张——从侧翼对美军发动进攻。德军指挥官对这位老兵的建议颇为欣赏，虽然还没有对这种方案进行讨论，他们在内心深处已经接受了老兵的提议。随后，这位老兵在指挥官们的默许下，大步流星地离开了指挥所，挑选了几名士兵，开始从侧翼发起进攻。

这一战术果然奏效。情侦排现在已经完全陷入坐以待毙的境地，德军很快就从侧翼迂回到了美军的后部。就在鲍克连续击毙两名德军后，他与坎尼卡斯隐蔽的掩体被德军攻破。坎尼卡斯本能地将"格兰德"步枪瞄准了德军士兵，但其中一名德军的MP40冲锋枪率先开火，一梭子弹朝着鲍克和坎尼卡斯横扫而来，鲍克腿部中弹，坎尼卡斯身负重伤。当德军将他们两人从掩体内向外拖的时候，一名德军士兵竟然被坎尼卡斯的惨状吓跑了：他的右脸几乎被打穿，眼球淌到了上衣口袋处。令人吃惊的是，坎尼卡斯居然还活着，德军卫生兵很快对他进行了包扎，并且尽力抢救他的生命。通过鲍克胸前的徽章，一名德军指挥官认出他是美军指挥官，径直走到了他的面前。此时，阵地已经完全陷落，鲍克也无须继续进行抵抗。紧接着，德军开始展开搜索，抓捕情侦排剩余人员。鲍克和坎尼卡斯随后被带到当地一个小餐馆，此处被德军指挥官冯·霍夫曼设为临时司令部。到此为止，情侦排参加的兰茨拉特保卫战完全结束。

与突出部战役有关的最后一件事发生在 1981 年。在《寒风刺骨的森林》一书中，作者艾森豪威尔用娴熟精湛的手笔记述了突出部战役整个经过。他在书中第一次向读者讲述了莱尔·鲍克中尉指挥的情侦排的英勇事迹。为了纪念这些曾经浴血奋战的人们，民间组织了一系列的纪念活动，纷纷要求美国政府向威廉·坎尼卡斯颁发"荣誉奖章"。这场运动一直持续到 1977 年坎尼卡斯去世。最终，美国政府认为，情侦排的英勇事迹应当得到全社会的认可和赞誉。

有关授予坎尼卡斯"荣誉奖章"的建议虽没有得到批准，但美国政府同意授予其"杰出贡献十字奖章"。鲍克本人拒绝接受任何荣誉，政府非常理智地处理了他在此事上的冷漠。在1981 年的颁奖仪式上，美国政府分别向情侦排的幸存者以及已逝军人的家属颁发了 4 枚"杰出贡献十字奖章"、5 枚"银质奖章"和 9 枚"铜质奖章"，使情侦排成为美军历史上被授予奖章最多的部队之一。

▲ 几名美军士兵从一辆被击毁的"虎"式坦克旁经过

第七章

围困

在当时，如果我们的军队没有顽强的毅力和坚定的决心，将很难把占据优势地位的德军击退，那么这段历史可能就被彻底改写了。

——美军第 8 军军长特洛伊·米德尔顿少将

No.1 "不惜代价坚守阵地"

第7装甲师和其他已受重创的美军部队接到命令，要求他们在圣维特拼命地拖住曼陀菲尔的装甲部队。与此同时，突出部战役中规模最大、耗时最长的一场战役在南方50公里处的巴斯托尼打响了。这是座拥有3,500位居民的萧条集镇，共有7条石头铺砌的道路从集镇中心广场向四面八方延伸开去，所以它注定要成为战场。而各条道路中还包括从德国边境通向底南特和默兹河的那条东西干道——希特勒猛攻安特卫普的交通要道。

双方的指挥官都清楚地意识到了巴斯托尼的重要性。曼陀菲尔明白，为了快速通过林木繁生的阿登地区，他的主力部队——第47军的3个师及其供给护卫队需要那些道路。希特勒也认为巴斯托尼是一个必攻之地，为此他背离了自己一贯的风格，即让装甲部队绕过那些城镇，将进攻任务留给步兵部队。希特勒告诉曼陀菲尔，如果不期然遇到了强力抵抗，他可以动用装甲部队进攻巴斯托尼。

美军军营里，艾森豪威尔将军也意识到了巴斯托尼在阿登守卫战中的重要性。早在12月17日，他和他的指挥官们就警告过第10装甲师、第82空降师和101空降师要根据整个战局进行调度。

第101空降师的空降兵们都佩戴着画有凶猛大鸟标志的臂章，因此被称为"呼啸的雄鹰"。在陆军元帅蒙哥马利失算的荷兰空降攻击计划中该师损失了1/3的兵力，最近驻扎在距法国兰斯东南30公里、巴斯托尼西南160公里处的默梅龙格朗镇附近，在那里补充兵员并进行训练。尤其是该师指挥官麦克斯韦少将不久前刚被美军陆战部召回华盛顿参加会议，所以将该师拉上前线投入战斗的可能性不大。

12月17日晚，第101空降师的10来个军官在默梅龙格朗的原法军指挥所里开了个乔迁派对。派对由该师情报部的保罗·D·达纳希中校及其挚友——作战部的哈里·W·O·金纳德中校做东。他们雇了一个法国厨师做了一桌丰盛的佳肴，准备了充足的杜松子酒、香槟和白兰地，还租了一台电影放映机放映加里·库珀的影片。

酒足饭饱之后，大家边喝饮料边看电影，就在这时，派对突然终止：第101师的代理指挥官安东尼·C·麦考利夫准将召集参谋和团级军官们召开紧急会议。麦考利夫以其一贯冷静的口吻直入正题。他解释说，第101师被指派开往比利时的维伯蒙特镇，第二天清晨出发。"据我所知，"他说，"那里已被攻破，我们必须前去支援。"

部队即刻开始了准备，远在巴黎和鲁昂的卡车也被调来了，由此组建了一个由380辆卡车构成的运输队。该师的1.1万名士兵在18日上午9点按作战分队出发，而最后一批直到晚上8点才开拔。部队向北开进了8个小时才结束了这次寒冷、沉闷、颠簸的行军。

▲ 德军指挥官曼陀菲尔（左）在前线下达作战命令。

麦考利夫准将和金纳德中校比部队先一步抵达了阿登地区。当他们的指挥车到了距维尔蒙德 50 公里处的交叉路口时，麦考利夫决定绕到米德尔顿将军的第 8 军设在巴斯托尼的总部去询问一下目前的情况。结果发现，巴斯托尼镇外的道路被前线撤下的西行部队堵住了，所以，他有些担心何时才能到达米德尔顿将军设在镇西北军营里的总部。

作为问候，米德尔顿用他那种温和的密西西比人所特有的慢吞吞的语调告诉两位"来访者"说："这里已经成了敌军的主要突破口。目前已确定我的部队，尤其是第 106 师和第 28 师的防线都被攻破了。"许多德军部队正向巴斯托尼袭来。

根据米德尔顿的介绍，他的总部即将撤到西南方 30 公里处的纽夫查图，所以麦考利夫的命令也有所改变：第 101 空降师现在不再是向西北前往维尔蒙德，而是去参加巴斯托尼的防御战——并且要不惜一切代价守住巴斯托尼。

在部署第 101 师之前，麦考利夫就已经想到德军会攻占巴斯托尼，所以，他即刻跳上指挥车返回维尔蒙德的交叉路口。在镇西约 6.5 公里处，他无意中发现了巴斯托尼外围的一座农庄曼德圣埃蒂安，于是决定在那里露营。他下达命令，让他的 4 个团即刻开拔，向那里前进。

同时，他返回了第 8 军总部，米德尔顿正在迎接他的老朋友威廉·L·罗伯茨上校的到来，罗伯茨上校的第 10 装甲师的作战部队 B 分队正从法国向巴斯托尼赶来。米德尔顿走向地图，指出德军的 3 支纵队正在直通巴斯托尼广场的三条干道向该镇汇合。他说，他需要 3 支作战部队，每支部队分别在巴斯托尼东部 6 到 10 公里处的路口负责守住那三条要道。

"在那里不可能使用装甲部队的。"罗伯茨表示反对。他满脑子都是教科书上的格言警句，认为坦克部队应该聚在一起进行集团化作战，以集中兵力共拒敌军。

"罗比，对于装甲部队的部署我可能没有你了解得全面，不过我不得不这么做。"

罗伯茨立刻告诉米德尔顿将军说他的作战部队 B 分队就可以完成任务。

"那么，罗比，让你的部队全速前进，"米德尔顿命令道，"不惜一切代价守住那三个阵地。"

No.2 "坦克、坦克、坦克"

当作战部队分队的坦克和部队抵达了巴斯托尼，罗伯茨将其分成三队。首先，他命令詹姆士·奥哈拉中校带领 500 士兵和 30 辆坦克守住从东南方的威尔茨镇进入巴斯托尼的那条路。同时命令亨利·H·切利中校带领同等的兵力前往巴斯托尼正东的朗格维利，以加强在那里的第 9 装甲师一支作战分队的余部,该部已经在那里设了路障。罗伯茨还命令威廉·R·德索伯里带领第 3 特遣队向东北方前进守住那里的诺维尔夫镇。诺维尔夫恰巧是德军最强的第 2 装甲师的必经之路,所以巴斯托尼战役中最惨烈的战斗将在那里打响。德索伯里那时才刚满 26 岁,所以罗伯茨用胳膊搂着他的肩膀,给了他一些父亲般的忠告。"明天早上,"他说,"你可能就紧张了,并且想撤回来。不过当你开始那么想的时候,要记住我已经告诉过你绝不能撤退。"

3 支特遣队迅速开拔,围绕着巴斯托尼设置防线。路上,他们遇到了一队又一队撤下来的筋疲力尽的美国大兵——守卫克勒沃克斯、威尔茨以及东部其他城镇的十几支部队的掉队者。他们讲述了那接连不断的灾难,一个全身泥巴的士兵所说"坦克、坦克、还是坦克"。遭痛击的美国大兵疲惫地撤到了巴斯托尼,有一些甚至还要往后方撤。但是仍有一些人在坚持作战。罗伯茨上校尽其所能召集了一些士兵、把他们编成了一支临时部队,届时可以填补巴斯托尼防线上的突破口。极具讽刺意味的是,这些士兵将他们的这支队伍命名为默梅龙格朗 SNAFU,该词取自一个军队用语,其字母代表"平静的状况全部被扰乱了"(Situation Normal, All Fouled Up)。

18 日深夜,第 101 空降师的首批卡车开始进入该师在曼德圣埃蒂安的防区。先到达的是该师的第 501 空降步兵团。

当那 2,300 名快被冻僵的伞兵从敞篷车里下来开始宿营的时候,其指挥官报告了巴斯托尼总部的麦考利夫准将。该团指挥官是朱利安·J·尤厄尔中校,一个稍瘦的西点军校毕业生。他曾参加了诺曼底和荷兰的空降任务,并以在被攻击的情形下的冷静、敏锐的判断力以及那令人愉快的幽默感而闻名。麦考利夫决定派尤厄尔和他的第 501 团前往巴斯托尼东部支援由第 10 装甲师的作战部队 B 分队组成的 3 支补缺队伍之一的切利分队。指着地图上前往朗格维利的线路,麦考利夫说道:"早上 6 点钟沿着这条路前进,发现敌军,进行攻击并将其肃清。"尤厄尔回答道:"遵命,长官!"回到团部准备早上 6 点钟的行军事宜时,尤厄尔遇到了团部的随军牧师,他问尤厄尔发生了什么事。尤厄尔说:"如果我知道的再多点儿,我早糊涂了。"

尤厄尔和麦考利夫那时都没有意识到,麦考利夫准将在派尤厄尔中校去攻击曼陀菲尔两个最强大的装甲师时,由贝叶林少将率领的强大的"利尔"装甲师的两支小分队已经到达了巴斯托尼东部不足 10 公里的聂德沃姆佩淇村。实际上,在尤厄尔的部队到达目的地之前,"利尔"装甲师的坦克本来可以突破切利分队进入巴斯托尼广场。只是两条错误信息推迟了"利尔"装甲部队的前进。

▲ 美军在巴斯托尼设置防线。

聂德沃姆佩淇的一些村民告诉"利尔"装甲师，他们的坦克部队可以走从该村通往附近的玛格利特村的两条没铺石子的捷径。玛格利特的村民也说，他可以取道从朗格维利通往巴斯托尼的那条干道。急于当晚攻占目的地的"利尔"装甲师的指挥官带领着由 15 辆马克四型坦克组成的先锋队沿着那条没铺石子的小路走下去了——结果发现，走了没多远那条路就成了一道泥水沟。通往玛格利特的区区 5 公里路程，他的坦克部队却走了 4 个小时。

在玛格利特，贝叶林再次被误导：一个比利时人告诉他说：午夜时分，一名少将率领了一支由 50 辆坦克和大概 75 辆装甲车组成的庞大部队经过玛格利特向东去了。那个比利时人所看到的是那支远没那么多兵力的切利分队。这条信息让贝叶林很是焦急。他知道美军少将指挥的至少是一个师，所以他担心原先的计划会把他拖入被大批敌军分割的境地。这样一来，向来极具攻击性的贝叶林变得谨小慎微了。他在玛格利特停了下来，设置路障，布了一个雷区，等待夜幕的降临。

第二天早上，即 12 月 19 日，贝叶林开始向西前往巴斯托尼。但是，当他沿着玛格利特的干道前进了 1.5 公里到达内费村时，他的先头坦克压到地雷无法前进。贝叶林又停了下来。当他的部队清理路上地雷的时候，尤厄尔中校的部队在第 101 空降师炮兵部队的支援下正在向其部队所在地前进。

尤厄尔也很小心。他派了由 700 人组成的第 1 营在早上 6 点钟前往通向朗格维利的路上进行侦察。他告诉该营指挥官："慢一些，不要着急——我可没想要你把敌军彻底消灭。"

尤厄尔的谨慎是有作用的。当第 1 营抵达内弗镇郊区时，他们遇到了德军的路障。听到了机枪的开火声，尤厄尔跳上一辆吉普车赶到了队伍前面。他意识到他的士兵并非单纯地碰到了路障。

实际上，他们与德军装甲部队的先头部队撞上了，虽然当时并没有人意识到。正面攻击并不可行，所以，尤厄尔告诉第 1 营守住阵地，然后部署了第 2 和第 3 营，他把一个营调到一个叫做比佐里的小村子北部的高地上，另一个营则部署到了他的南翼。

形成了坚固的防线后，尤厄尔打电话请求巴斯托尼分区的炮兵部队对德军阵地进行轰炸。该部队 105 毫米口径的特种榴弹炮，通常是进行空袭时安置在滑翔机上的，现在将火力集中对准了德军阵地，进行了全面的猛烈轰炸。

在内弗与尤厄尔部队的首次遭遇就打破了贝叶林的速攻计划。冬天的雾太大，所以，他无法看到战场的进展如何，强大的炮火又更加肯定了他的猜测，即遇到了美军的大部队。他很是焦虑，花了整整一天的时间接连不断地探查了一个又一个美军前哨，最终未能与其他部队采取一致行动开往巴斯托尼。

不过，贝叶林的装甲部队还是使城镇东部的美军蒙受了惨痛的损失。夜幕降临前，当贝叶林仍在通往玛格利特的漫长"捷径"上行进时，他的一些坦克还是突破了美军在朗格维利设置的路障，并使在那儿的两支防守部队——第9装甲师的一支特遣队和切利的小分队——陷入了极度危险的境地。当这两支队伍想突破德军阵地撤回时，却又在从朗格维利通往巴斯托尼路上遭遇了交通堵塞。所以，德军坦克部队得以在后半个下午的时间里肃清了撤退的美军装甲部队。

No.3 惨烈交锋

切利中校将内弗南部的一座石头别墅设为指挥所，他发现自己与特遣队主力已经被德军分割开了，并且处于德军的猛烈攻击之下。后来，石头别墅的房顶被德军的炮火点燃了，切利中校及其参谋人员被迫撤了出去。"我们没被打退，"切利在被迫撤出前向总部发了电报，"我们是被大火所迫不得已而为之。我们不是在撤退，只是在转移。"

尽管有这么多不利之处，麦考利夫准将的首次转移还是很顺利，派去支援切利分队的尤厄尔的伞兵和大部分装甲师特遣队坚守阵地，阻止了德军先头部队从东面突破。这样，巴斯托尼挡住了德军的第一轮攻击。

当这里敌我双方你攻我守进行拉锯战的时候，巴斯托尼东北部10公里处的诺维尔夫村附近出现了另一个严重威胁。年轻的德索伯里少校于12月18日晚上11点钟左右率15辆"谢尔曼"坦克，一个反坦克排和一个装甲步兵连到达了诺维尔夫村。德索伯里由从诺维尔夫撤下的士兵口中得知，大批德军装甲部队——实际上是整个第2装甲师——正在紧紧追赶着他们。于是他就在诺维尔夫北面和东面的路上设置了路障，准备迎接战斗。

黄昏时分，开进的德军坦克向路障发动了进攻。德索伯里的部队打退了敌军的进攻，然后在7时30分，他带领着部队撤到了诺维尔夫。这时大雾弥漫，整个村庄以及周围的田野都笼罩在了浓雾里，但是神情紧张的诺维尔夫守军仍可以听到他们防线前德军坦克的隆隆声。早上10点钟大雾渐渐散去，令人恐怖的是，他们看到村子的北方和东方许多德军"虎"式和"豹"式坦克慢慢行进；近处的坦克举目可见，远处的山岭上还有十几辆。

德索伯里的士兵们用所有的武器向德军坦克发起进攻，像反坦克火箭炮，50毫米口径的机关枪和反坦克雷等等。北面14辆坦克沿着光秃秃的山岭疾驰过来，其中10辆被德索伯里的几门90毫米口径、威力极强的反坦克炮一个接着一个地敲掉了。但是，几辆"豹"式坦克还是推进到了距美军阵地不足200米的地方。

气急败坏的德军坦克放开炮火了。炮弹像雨点一般打向毫无防御的村子，打死打伤了许多守军，房子被火蛇吞没，有的则被炸上了天。尽管罗伯茨上校昨天晚上警告过他，德索伯里还是想到现在是时候撤出诺维尔夫了。他给罗伯茨上校发电报，请求获准撤到巴斯托尼附近1.5公里处的弗依村高地上去。

罗伯茨让德索伯里自己作出决断，但同时也告诉他说增援部队正在赶去。德索伯里决定再坚守一阵。与此同时，罗伯特·F·辛克上校的第506空降步兵团也到了巴斯托尼，罗伯茨上校派了一个营的兵力由詹姆士·L·拉普拉德中校率领正火速赶去支援诺维尔夫。于是，德索伯里和拉普拉德对德军第2装甲师发动了一次反攻。但是，德军部署的山岭上，对诺维尔夫而言处于居高临下的位置，所以德索伯里仅存的13辆中型坦克和1,000多士兵没取得多少战果：他们只前进了500米的距离就被打退下来。

就在那个关节点上，德军也发动了一次攻击。伞兵和装甲兵们坚守在诺维尔夫边缘地带，成功地挡住了德军的攻击，同时也付出了惨重的代价。但是，德军的轰炸并未结束。一枚88毫米口径的炮弹就在美军指挥部外面开了花，拉普拉德中校牺牲了，德索伯里也负了重伤。

美军顶住了德军一整夜的炮火袭击，12月20日刚露出第一缕曙光之际，德军的坦克又开始了进攻。天刚破晓，两辆德军坦克迅速冲进了诺维尔夫。一个火箭炮小队敲掉了一辆坦克，美军的一辆坦克把另一辆也解决掉了。

整个上午德军坦克就一直压制着诺维尔夫的守军，而美军则一直坚守着，不停地战斗着，不过人员的伤亡也一直持续不断。最后在中午时分，美军余部接到命令撤回弗依，现在辛克上校部队余部正坚守在那里。在诺维尔夫，半履带车载满了伤员，伞兵们爬上了所有还可以转动的车辆，工兵们把一座弹药供应站炸掉了。当诺维尔夫再次大雾弥漫之际，由1辆装甲车、4辆半履带车和5辆坦克在前面开路，整支队伍沿着大路向弗依撤下去。

距弗依还有将近500米时，最前面的半履带车停下了，第二辆半履带车却撞在了第一辆车上，接着就发生了一场遭遇战。一些突破诺维尔夫的德军用步枪和手榴弹不停地骚扰着美军，还好，美军用一挺机关枪把他们全消灭了。

但是，刚被德军坦克攻击过的队伍不久又陷入了困境。5辆坦克中，2辆无法开动，第三辆抛锚，第四辆直接赶往巴斯托尼，但是，在弗依又被击中，剩下的那辆坦克的驾驶员跳出炮塔，想试着疏散一下堵塞的交通，却被子弹击中了。这样，道路彻底堵住了，剩下的坦克也没了驾驶员。伞兵们在队伍里跑前跑后，问有没有自愿的驾驶员；结果没人响应，伞兵们气得直呼第10装甲师特遣队的人是一群"废物"。特遣队里有许多其他部队的成员——炊事员、机械工和步兵，但是没人会驾驶坦克。

▲▲ 向美军发起进攻的德军士兵。

几个对之极其反感的伞兵爬上了无人驾驶的"谢尔曼"坦克。一个伞兵说:"那就让我们来学习一下怎么开这些该死的东西吧!"就这样,坦克又开起来了,队伍继续向弗依开进。黄昏时分,幸存者们终于撤回了美军防线。

诺维尔夫的战斗可以说是整个战争中最惨烈的一场小型交锋。后来经过那个村子的一个部队的士兵说:"我们看到了种种恐怖的场面。一只橡胶套鞋里还有一只脚,一个无头的伞兵躺在地上,散兵坑里一个被烧死的德国士兵看起来就像是一棵被熏黑的大树桩,一个伞兵的钢盔里满是脑浆,一条被炸断的手臂上还戴着手表——所有这一切都是这场血腥战争的罪证。"

但是,由德索伯里的特遣队和拉普拉德的营队发起的这场惨烈的抵御战将强大的德军第2装甲师的行动推迟了48个小时,消灭了至少20辆德军坦克和差不多一个团的坦克投掷兵。后来当第2装甲师的指挥官进入诺维尔夫,向总部发电报请求获准从南部进攻巴斯托尼时,一名参谋气得想骂人:"忘了该死的巴斯托尼吧,直接前往默兹河。"高层指挥决定将占领巴斯托尼的任务留给贝叶林的装甲部队和海因茨·科科特准将的第26人民近卫师。

No.4　燕麦烤饼宴

截至 12 月 20 日，麦考利夫准将就有充足的兵力可供调动了。现在整个第 101 空降师以及罗伯茨上校的第 10 装甲师作战部队 B 部的所有兵力都部署在巴斯托尼。除此之外，第 705 反坦克装甲车营——一支装备有新式 76 毫米口径高速大炮的超强部队——也从北面抵达了巴斯托尼。

在麦考利夫的允许下，作战参谋金纳德将这些部队围绕着城镇部署成了一个弧形防线。他让尤厄尔的那个团继续与切利分队一起留守在巴斯托尼东部；让辛克的那个团也继续留守在原地，即弗依附近城镇的东北部；而史蒂夫·A·查普伊斯中校带领着第 502 空降步兵团坚守在防线的北部，同时也是辛克部队的左翼；金纳德在巴斯托尼的南部安置了第 327 滑翔机空降步兵团的一个营，由约瑟夫·哈珀指挥。在中部，金纳德部署了炮兵——由 7 个营的兵力组建的据点，其中包括 3 个远程榴弹炮兵营。而炮兵部队的射程足以覆盖防御沿线的任何地方。

当天新建防线两处受到了德军的进攻。一次进攻是向奥哈拉中校率领的第 10 装甲师特遣队发起的，因为特遣队在巴斯托尼东南的马维亚镇附近设置了路障。对奥哈拉特遣队进行轰

▼ **正在进攻中的德军部队。**

击之后，贝叶林师派出了 4 辆坦克和 6 辆满载装甲投掷兵的半履带车。半履带车突破了奥哈拉的路障，冲进了马维亚。在这里，哈珀上校的滑翔机空降步兵团的一部分兵力也投入了战斗，这样德军就处在手雷可以攻击的范围之内了。德军用机关枪向哈珀的部队进行疯狂的扫射，一些德军跳出半履带车并冲进了马维亚。哈珀的部队经过两个小时的拼命战斗才将德军的装甲投掷兵全部消灭。

同时，德军再次向尤厄尔中校防守的巴斯托尼东部防线发起了突击。尤厄尔的伞兵们观察到，在两辆坦克和两门自动推进大炮的掩护下，有一个营的德军穿着灰色军装正从比佐里村渐渐接近他们的北部防线。随着敌军的靠近，4 门反坦克大炮的炮手很快就瞄准了六七辆坦克。

尤厄尔的部队开始用手提式武器向攻击的德军扫射，反坦克炮也开始向攻过来的坦克开火。一门反坦克炮被德军坦克炸坏了，其他的大炮仍然轰击着德军坦克。由于坦克撤退了，德军步兵也放慢了攻击的速度，等待着坦克的掩护。这时，麦考利夫部署在中心位置的炮兵部队也开火了。比佐里附近的尤厄尔的伞兵们听到了上空的炮声，并看到炮弹在敌军步兵中开了花。炮火持续了 20 分钟，把敌军打得落花流水。炮击停息后，哈里·金纳德将尤厄尔的一封虽不合军人身份但发自肺腑的电报转交给了麦考利夫："朱利安说你对那些该死的德国兵照顾得的确很周到。"自从该师离开默梅龙格朗以来，麦考利夫和他的参谋们第一次露出了笑脸。

尽管人民近卫队蒙受了惨重的损失，但是 20 日下午 7 点钟，德军对尤厄尔的防线再次发起了攻击。德军的大炮轰炸了巴斯托尼东部的三岔路口。炮击停息后，装甲部队和步兵就在夜色的掩护下沿着内弗通往巴斯托尼的道路攻了下去。麦考利夫的炮兵也对德军所经之处进行了轰炸，从而在内弗城西制造了一道火墙。轰炸中，3 辆德军坦克被击毁。躲过炮火轰击的德军又被尤厄尔第 1 营的机关枪给打退了。

几乎与此同时，其他的德军步兵部队从南面攻了尤厄尔部队的右翼。在黑暗中，美军可以听到敌军部队发出的声音。于是，他们就循声开火，从敌军的惨叫声中，美国大兵知道他们漫无目标的子弹击中了靶子。但是，直到天亮之后他们才明白到底发生了什么事情。原来，德军行进当中碰到了农民设置的铁丝栅栏。他们被铁丝栅栏缠住了，正在挣脱时，美军的子弹就把他们结果了，他们的尸体挂在铁丝栅栏上被风吹来吹去。

虽然 12 月 20 日早上美军取得了胜利，麦考利夫还是决定要在下午和米德尔顿将军一起再研究一下战局。他相信他的"呼啸的雄鹰"的勇气，但是，他不愿意由于他的职权而牺牲更多的士兵。

那天晚上，麦考利夫坐着一辆吉普车沿着连接巴斯托尼和第 8 军设在纽夫查图的总部之间的狭长通路向西南疾驰而去。左克奥拉夫告诉米德尔顿，他有信心巴斯托尼可以再坚守两天或更长几天。米德尔顿告诉麦考利夫，敌军的另一个师——第116装甲师——正向麦考利夫驻扎的方向赶来，他建议麦考利夫最好能把第101空降师拉出来。"真该死！"麦考利夫强烈地反驳道，"如果我们现在拉出来，就会被打得片甲不留。"那正是米德尔顿希望听到的。"托尼，祝你好运，"他笑着说，"现在，千万不要让自己被敌人给包围了。"

麦考利夫迅速赶回了巴斯托尼。当他回到夜色笼罩下的己方防线时，发现身后贯穿小镇南北的道路已经被德军切断了。尽管米德尔顿给了忠告，但是现在美军已经被包围了——被围困在一个直径大概8公里的不规则圆形区域里。

那天晚上，金纳德中校收到了李奇微将军由第18军总部打来的电话，询问巴斯托尼现在形势如何。金纳德意识到德军可能正在监听美军的无线电通讯，所以不想回答这个问题。但是，李奇微坚持想知道，金纳德给了一个加了带暗语的答案。"想象一下油炸面包圈中间的那个洞，"他说，"那就是我们。"被围后，巴斯托尼迎来了两天半的平静。德军在不断地加固

▼ 激战后的巴斯托尼战场。

阵地，并为发动新的攻击集结队伍。而这两天半的平静迎来了第 101 空降师的到来——他们并不介意被包围，空降师已经习惯了降落在敌军防线里坚守阵地，直到救援部队来解围为止。金纳德很满意地说，巴斯托尼是第 101 空降师作战的"标准情形"。使士兵们焦虑的是部队缺乏供给：炮弹极其短缺，以至于麦考利夫命令部下一定要按量配给。他生气地对一位表示抗议的军官说："如果你看见 100 米之内有 400 个德军，并且他们都抬头挺胸地走着，那么你可以用大炮向他们开火。但是，你决不能发两枚炮弹。"步枪的弹药也不足了，而且食物供给消耗得很快——幸亏在巴斯托尼粮仓里发现了几吨面粉。部队把面粉加工成了燕麦烤饼，士兵们就一直把燕麦烤饼当干粮。

医疗设施也极度缺乏。12 月 19 日，第 101 空降师的医疗队，包括大部分外科医生和设备，都被一支游动的德军部队截获了，所以伤员只能在一间临时的诊所里，由几个医生和医护兵以及一些比利时的平民志愿者护理着。实际上，唯一的止痛药就是白兰地。幸好白兰地的供给很充足。

No.5 空降补给

12 月 23 日，天突然放晴，空气不再那么潮湿，雾也散去了；天光大亮，很是清爽，不过还很冷。这已经是很多天以来第一次有这样的放晴天气了。巴斯托尼的美军士兵们听到消息说空投工作正在进行，所以，从一大早开始，士兵们都眼巴巴地注视着蓝色的天空，寻找着黑色的影子。9 点多钟，一组侦察兵空降下来，设置了彩色的地面信号控制板并安置了雷达，以便引导前来的飞机。差几分钟就到中午了，首批 241 架 C－47 运输机在空投区投下了货物。红色、蓝色和黄色的降落伞在空中飘飘荡荡，就像圣诞节的装饰品一样，降下来的都是极其贵重的"圣诞礼物"——弹药、医疗物品和食物。当然并非所有的飞机都空投成功了，有一些被德军防线内的高射炮打中了，然后就一路摇摇晃晃、浓烟滚滚，飞行员竭尽全力想在飞机爆炸或坠落前把货物投下去。

兴高采烈的巴斯托尼守军冲出城去把沉重的空投包从雪地上拖回城去。他们发现有一些东西报废了，包括一些他们正需要的炮弹。但是没有人抱怨一句。装在 1,446 个空降包里的 144 吨军用物资至少有 95％ 被收回来了，并很快发挥了作用。"这和政府的工作情况很相似啊。"金纳德中校开玩笑地说了一句。作为"额外的奖赏"，护送运输机前往巴斯托尼的 82 架"雷霆"号战斗轰炸机对围困巴斯托尼的德军进行了猛烈地轰炸，同时还在低空用燃烧弹、碎裂弹以及机关枪进行了攻击。

▲ 美军飞机向被围困的美军投掷补给品。

虽然短暂的寒冷天气帮助了美军向巴斯托尼空运了军需物资，但是，它也帮助了德国人。既然土地冻住了，德军的坦克和半履带车也就可以在原先泥泞不堪的地面上开动了。曼陀菲尔已经派第2装甲师绕过巴斯托尼直接开往默兹河，不过他仍然一心要把被困的巴斯托尼拿下来。

科科特将军和他的第26人民近卫师，在贝叶林师的坦克和步兵的帮助下展开了攻势。巴斯托尼之围进入了最后阶段——从某种程度上来说，被困的美军已经到了生死存亡的时刻。

科科特的计划很简单：从东南和西北直接冲进巴斯托尼，德军认为美军那两个地方的防守相对弱一些。哈珀的滑翔空降师在巴斯托尼防线的整个南部部署的兵力很少：只有两个连的兵力，总共也就300多人，却守着马维亚和阿尔隆之间2.5公里的防线。一次，哈珀打电话给一个营级指挥官，问他分管的一个人员配备严重不足的分部防御情况如何，那个军官满是嘲讽地回答说："我们有两辆吉普车在那里守着呢。"

科科特在12月23日黄昏对哈珀的部队和奥哈拉的分队进行了第一次猛攻。德军坦克首先轰炸了只剩下断壁残垣的马维亚镇。大约5时30分左右，贝叶林师的一些坦克和步兵出现在了距城1,000米左右的树林里，然后，就开始向村子南部被美军称作第500号山丘的一块洼地开进了。那座小山丘由斯坦利·莫里森中尉带领的一个美军步兵排守卫着。

很快穿着白色防雪装的德军就包围了设在山脚处一家农舍里的莫里森的指挥所。中尉很冷静地用电话向哈珀上校做了汇报："现在我被包围了。我看到窗外就有德军的坦克。我们仍

▲ 德军指挥官在一辆被击毁的美军半履带战车旁下令进攻

在还击，不过，看起来我们不久就是他们的囊中之物了。"过了几分钟，莫里森又打了一个电话："我们仍然坚守着阵地。"然后就断线了。那是中尉和他那个排最后的声音。

攻占了第 500 号山丘之后，德军就在巴斯托尼的外围打开了一个缺口。德军想继续扩大突破口，所以对马维亚镇进行了野蛮的攻击，战场上炮声隆隆，火光冲天。虽然滑翔空降兵与进犯的德军进行了殊死搏斗，但却无法挡住敌军的前进——德军在村子里终于占领了一个据点。

随后又是一场血战。德军的步兵逼近了奥哈拉分队的装甲部队，紧跟着就向队伍里扔手雷。奥哈拉分队的一辆坦克击中了德军一门大炮的油箱，大炮顿时变成了一个轰鸣的火把。德军的大炮打着了马维亚的一个干草棚。熊熊烈火的映照下，奥哈拉的后援部队就暴露了出来，他们赶快撤到了隐蔽处。本来美军在不停地消灭着德军，现在在火光的映照下却成了德军的活靶子。

这里战斗正激烈地进行着，其他的德军部队又开始进攻哈珀部署在马维亚西部的防线了。德军坦克一直攻到了距美军散兵坑不足 50 米远的地方才被滑翔空降部队用火箭炮打退。

哈珀上校所有的部队全军覆没了，德军也已经突破了他的外围防线。但是，取得这些战绩的同时，德军却减弱了对防线其他部分的攻势。这样就暂时解放了尤尼尔的部队和切利分队某部，金纳德中校调集这两支部队进入了该地区，补上了哈珀上校的防线。

午夜时分，德军的坦克再次发动了进攻以图攻击马维亚。一辆"豹"式坦克被美军的一辆报废的半履带车挡住了去路，它转向准备撤退时，奥哈拉部下的"谢尔曼"坦克开火了，并一举将那辆坦克打废。就这样，科科特 23 日夜间的进攻也宣告结束。

在东南部付出了巨大代价却被击退之后，科科特决定于圣诞节那天从防线的西北部发动摧毁性的打击。巴斯托尼的那部分防线是由查普伊斯中校和他的伞兵团防守的，在巴斯托尼之围中他们尚未受到过攻击。

12 月 24 日是相对平静的一天。因为科科特正在向第 101 空降师原来驻扎的曼德圣埃蒂安调兵，现在的曼德圣埃蒂安已经处在该师防线之外了。

曼陀菲尔将军警告科科特说巴顿的第 3 集团军正在向北行进开赴德军阵地，并给科科特派去了增援部队——第 15 装甲投掷兵师。对曼陀菲尔来说，尽快粉碎巴斯托尼的美军抵抗并占领通往西方的公路比以往任何时候都更加重要。

麦考利夫也在考虑巴顿部队的推进情况。"给第 101 师的最好的圣诞礼物莫过于明天就解掉巴斯托尼之围。"他在打给纽夫查图的第 8 军总部的电话里这样告诉米德尔顿将军。"伙计，我知道，"米德尔顿满怀忧虑地回答说，"我知道的。"

No.6 神圣的夜晚

巴斯托尼的圣诞节前夜一开始就昏昏沉沉的，很快就演变成了一场噩梦。德国空军两队飞机对巴斯托尼实施了狂轰滥炸。一些炸弹击中了刚刚建成的医院，并将32名伤员埋在了乱石堆里。巴斯托尼平民们都躲在城镇的地窖里。但是，即使当炸弹纷纷落下的时候，仍然有一支由士兵即兴组成的合唱队聚集在该镇神学院的拱形教堂里，裹着各色降落伞取暖的伤员们在冰冷的木板地上排成一队走上祭坛。合唱队开始唱"寂静的夜晚，神圣的夜晚"时，伤员们也加入了。

巴斯托尼西北部的史蒂夫·查普伊斯已经在罗勒村的一座石头别墅里建了一个舒适的指挥部。他和他的参谋们在别墅的10世纪教堂里参加圣诞节弥撒，然后吃了一顿丰盛的晚宴，晚宴要归功于比利时平民，他们捐助了面粉和牛排。圣诞节那天凌晨指挥部成员都上床睡觉去了。直到一个小时之后，德军猛烈的炮火声才将他们惊醒。

科科特的全面进攻首先由炮兵打响。他的计划是对查普伊斯的部队发动猛攻，然后再向哈珀西部防线尽头处的弗拉米佐勒发动关键性的进攻，粉碎由滑翔空降兵部队守卫着的微弱工事。然后科科特的坦克就可以从那里长驱直入，攻到巴斯托尼中部。

紧随德军的炮火，穿着白色军装的德军人民近卫师全速开进。攻进村子后，他们和查普伊斯的一个伞兵连展开了肉搏。轰炸切断了查普伊斯指挥部和前线部队的电话线，但是查普伊斯中校从1.5公里外那无休止的枪炮声中断定，那里的战事肯定很紧张。但是，他冷静地控制着增援部队，以防其他地方有更猛烈的战斗。

他无疑是正确的。拂晓时分，哈珀滑翔空降步兵团的士兵们发现，有18辆经过白色伪装的德军坦克正向弗拉米佐勒逼进。由一队队的装甲投掷兵跟随的马克四型坦克沿着被大雪覆盖的山坡呼啸而下，向分布在散兵坑里的滑翔空降兵开火。

美军即刻还击，有4个士兵倒下了，但其他人继续站起来向跟在坦克后面的德军步兵开火。没多久德军的坦克就到了哈珀第3营的指挥所。该营指挥官雷·C·艾伦给哈珀打电话呼救："他们从140米的地方直接向我平射。"然后，艾伦和两个助手冲向了一片树丛，而跟在他们身后的德军坦克仍然在向他们发起进攻。

看来科利特已经实现他期待已久的灾破了，圣诞节早上5点15分，德军的一支坦克小分队的队长发回一封电报说，他的部队已经在巴斯托尼镇边上了，估计距离麦考利夫的指挥部大概也就1.5公里远。

德军的其他坦克分队已经和这支小分队分开了，他们调转方向往北部美军的防线背后挺进，他们希望消灭掉史蒂夫·查普伊斯的部队并占领他的防地。

　　而这正是查普伊斯所一直期待着的。他立刻派了两个连的兵力去抵御从南方来犯的德军，然后又把一些反坦克装甲车部署在德军进攻路线旁边的一个树林里。

　　当德军坦克攻过来时，伞兵们就撤退到那片树林里去了。德军那些顾前不顾后的坦克调转了方向，绕过树林直奔查普伊斯防地冲去，想要击溃查普伊斯的整条防线。当他们这样做的时候，就把自己的软肋暴露给美军的反坦克装甲车了。紧跟着就是又一阵屠宰。美军76毫米口径的高速大炮迅速敲掉了3辆德军坦克，足以穿透装甲的火箭炮又干掉了两辆坦克。最后剩下的一辆也被一门火箭炮和一门反坦克炮解决掉了。

▼ 美军步兵搭乘坦克前往巴斯托尼。

与此同时，第一批坦克正直接驶往巴斯托尼，他们也遭到了美军反坦克装甲车、大炮、火箭炮、轻型武器以及坦克强大火力的攻击。德军一辆马克四型坦克完好无损地成了美军的战利品；其他坦克则被全数击毁。德军那18辆发起进攻的坦克无一辆漏网。当晚，查普伊斯中校终于可以坐下来享受圣诞"晚宴"了。饼干加沙丁鱼，晚宴虽不丰盛，但是他已经确信德军对巴斯托尼最猛烈的攻势已经被粉碎了。

第二天巴斯托尼守军又赢得了一次胜利，同时，4天以来，第4装甲师一直在向北急行军，来解巴斯托尼之围。12月26日下午，该师的先锋队距离巴斯托尼镇南只有6.5公里了。这支先锋队是由阿布拉门逊中校率领的第37坦克营和乔治·L·贾克斯中校率领的第53装甲

步兵营。这两支部队以及一个装甲炮兵营和一个155毫米口径的榴弹炮兵连共同构成了作战部队R部。

两位中校站在一座小山上眺望克罗奇蒙特村，他们商量着应该如何攻打斯波雷特村，众所周知，该村有德军重兵把守着。突然，一队飞机——看起来有几百架运输机的样子——出现在巴斯托尼上空，它们一边躲避德军的高射炮，一边降下了色彩鲜亮的空降包。

鉴于101师军用物资严重短缺的事实，阿布拉门逊和贾克斯决定走条捷径，即直接向北攻下阿森诺伊斯村，然后直接进入巴斯托尼。

阿布拉门逊走到他的坦克旁，用无线电和师部进行联络，请求获准直接执行紧急计划。然后，第4装甲师总部又向巴顿请示他是否同意这次进攻，即使是冒着侧翼被德军袭击的威胁。巴顿回答说："我保证他会同意的！"

阿布拉门逊站在坦克炮塔里，嘴里叼着一支大雪茄，向士兵们宣布："现在，进入坦克！各就各位，出发！"

很快就到了黄昏时分。负责掩护阿布拉门逊部队前进的炮兵们向阿森诺伊斯发动了连续的轰炸。包括坦克、装甲车和载着进攻部队的半履带车在内的突击队沿着斜坡进发了。在前面开路的是查尔斯·博格斯中尉率领的5辆"眼镜蛇王牌"坦克，这是美军研制的40吨重的新型坦克。

坦克一冲进城镇，上面的坦克和机关枪就开了火。士兵们也从"眼镜蛇王牌"坦克的甲板上跳了下来，挨家挨户地搜着德军，遇到远处的敌人就射击，敌人靠近了就用刺刀刺、用枪托砸。詹姆士·R·亨德里克斯，一个19岁左右、满脸雀斑的美国大兵，凭借随身携带一支步枪，毅然向两门88毫米口径的德军大炮的炮手发起挑战，当时他们正在用那两门大炮猛烈攻击美军坦克。"快出来！"亨德里克斯喊道。一个德军士兵从散兵坑里探出头来。二话没说，亨德里克斯一枪就打在了他的脖子上。接着他又冲向了下一个散兵坑，在那儿他又看见了一个德国兵，就直接抡起M－1步枪，一枪托就击碎了那个德国兵的脑壳。然后，他迅速冲过浓烟，到了两门大炮跟前，两个炮兵举起手站了起来。亨德里克斯的单人战斗为他赢得了一枚荣誉勋章。

离开了阿森诺伊斯，博格斯中尉让他的先行机枪手沿着路两旁的树林前进，自己则带领着部队全速冲向巴斯托尼。后来坦克遇到了一座绿色的碉堡，于是中尉就朝碉堡发了3炮，炮弹把混凝土结构的碉堡炸飞了。

5点多钟，大地已经罩上了一层夜色，博格斯看到一些人蹲到了散兵坑里——但是他们看起来不像德国兵。中尉冒了一次险。他从坦克炮塔里站了起来，大声喊道："过来吧，我们是第4装甲师的！"一些戴着钢盔的脑袋慢慢地、将信将疑地探出了散兵坑。接着有一个人站起来，向着坦克走了过来，但却一直用自动步枪对着博格斯。突然，他露出了笑容，朝炮塔伸出来一只手，并作了自我介绍："我是第101空降师第326工兵团的韦伯斯特少尉。"

博格斯笑了笑，向下探着身子和少尉握了手。韦伯斯特问坦克部队的士兵们喝过水了没有，他解释说，他的部队已经断水了，现在只有雪水。坦克兵们拿出来3个军用水壶和空降兵们痛饮了起来。

正在那时，博格斯的指挥官威廉·德怀特上尉赶上了先头部队，然后上山去了第101空降师的观察所。麦考利夫将军正在那里等着问候这些新到的战友呢。将军说道："哎呀，见到你们真是太高兴了！"巴斯托尼之围就这样解除了。

▲ 艾森豪威尔与属下将领一起研究作战计划。

第八章

巴顿

　　美军官兵是一群非常勇敢的战斗员，他们在战争中表现出来的顽强精神表明，他们不愧为世界上第一流的军队。正是由于他们的存在，伦德施泰特才一筹莫展。

　　　　　　　　　　——英国陆军元帅蒙哥马利 1945 年 1 月 7 日

No.1 被搅乱的婚礼

阿登山区位于盟军霍奇斯中将的第 1 集团军和巴顿的第 3 集团军的结合部，正面宽约 130 公里，地形崎岖复杂，由米德尔顿缺编的第 8 军负责防守。盟军的首脑们并没有意识到在这里潜伏着巨大的危机，反将其辟为在零星战斗中受挫的各师人员的休整地。在第 8 军阵地的对面，德国人已经乘着夜幕悄悄地集中了 14 个师的庞大兵力（其中 7 个为装甲师）。巴顿觉察了近期德军异常的举动，12 月 12 日他要参谋长盖伊拟订一个计划——第 3 集团军停止东进，做一个 90 度的大转弯，向北直插卢森堡。12 月 13 日巴顿向欧洲美军总司令布莱德雷（也是巴顿长年的战友）发出了警告，并提醒他：第 8 军处境十分危险，必须尽快采取行动。但布莱德雷并没有采纳巴顿的意见。12 月 15 日夜，德军的无线电台开始沉默，巴顿敏锐地感到战斗即将来临。他命部队立即进入战斗状态，随时准备迎击德军。然而这一切都没有引起大部分盟军将领的重视。盟军开始全面溃败，迷茫中，可怜的美国士兵们翘首以盼，盼望着救星的到来。救星终于来了，茫茫大雪之中，一辆吉普车从远处驶来，车上站着威风凛凛的巴顿将军，巴顿来了。

12 月 16 日上午，艾森豪威尔并不在他的司令部，而是满面春风地在凡尔赛宫附近的一座天主教堂参加一个婚礼。统帅部的一些高级官员也在这里。

由于战争还在进行，无数将士正在前线与德军浴血奋战，因而此时举行婚礼的新人格外受到人们的羡慕。

新郎是盟军最高统帅部的传令兵米基·麦基奥中士，新娘是美国陆军妇女队的下士帕里·哈格里夫。此刻，他们正缓缓地走到这座用石头砌成的古老教堂的圣坛前。

穿着军装制服的女傧相，从前面的圣坛走下来。新娘子不知从什么地方搞到了一件结婚礼服。今天，她是作为一个女人，而不是一个军人到这里来举行结婚典礼的。礼服上缀绣着道道白纱花边，加上那一拖到地的裙子，更显示出她那富于女性美的风姿。

"亲爱的来宾，我们聚集在这里……"主持人宣布婚礼开。

婚礼热闹、简朴、隆重，一直持续到中午。布莱德雷赶到教堂时，婚礼正进入高潮。

艾森豪威尔见了布莱德雷，非常高兴地握着他的手，热情地向他问候。布莱德雷感到有些奇怪，一向不苟言笑的最高统帅今天为什么这般高兴，一位中士的婚礼总不至于令一名上将如此兴奋吧。

布莱德雷没有猜错。艾森豪威尔高兴的原因不是这个婚礼，而是今天早晨从华盛顿来的一个电话。这个电话通知他，国会正式通过了总统提交的一份议案，晋升他为五星上将，这是美军中最高的军衔。同他一起被晋升为为五星上将的还有参谋长联席会议主席乔治·马歇

▲ 盟军最高司令部参谋长史密斯将军。

尔、总统府海军参谋长威廉·莱希、海军作战部长欧内斯特·金、西南太平洋战区总司令道格拉斯·麦克阿瑟、太平洋舰队司令切斯特·尼米兹等。在这些人员中，艾森豪威尔最年轻，资历最浅，却获得了相当于外国军队陆军元帅的军衔，他怎能不高兴！

艾森豪威尔兴奋地把这个消息告诉了布莱德雷，并说道："这件事为我的部下晋升开辟了道路。我已建议马歇尔上将提升你为四星上将，这样，你就与蒙哥马利平级，比巴顿和霍奇斯将军多了一颗星。"当时，布莱德雷和巴顿、霍奇斯都是三星中将。

布莱德雷听后，向自己的上司表示祝贺和感谢。艾森豪威尔笑道："你的祝贺与感谢留在晚间说吧，昨天，罗斯福总统托人给我用飞机送来一些牡蛎，他知道我特别爱吃这个东西，大概有两年没吃到它了。今晚我摆个牡蛎宴，咱们一起尝尝鲜！"

正在这时，教堂后面的门被人猛地推开，盟军参谋长史密斯将军急匆匆地从教堂大厅通道走过来，他的制服上还挂着雪花，看得出，他刚刚冒着暴风雪赶来。

所有在场的人都把头扭过来，望着他悄悄地在艾森豪威尔身边低声耳语。史密斯将军急促而低声地在艾森豪威尔耳边报告说：在比利时，美军部署的防线被德军突破了。

听到这个消息的一瞬间，军人的职责、军人的天性立刻把艾森豪威尔从眼前的这个静谧而幸福的环境中唤醒："战争进行到这个时候，突破防线的应该是我们，怎么会是他们呢？"可是，事实上德军已突破了米德尔顿少将第8军的防线，正向西北迂回，企图向第12集团军群合围。就是布莱德雷的第12集团军群，全是美军。

布莱德雷从巴黎匆匆赶回卢森堡，心情十分沮丧。他后悔没有重视迪克森的报告：仅仅两天的时间，情况就搞得一团糟。

回到司令部，见告急的电文像雪片一样飞来，墙上作战地图上标着许许多多表示德军装甲部队进攻的箭头，他不禁骂道："哪个狗娘养的弄来这么多敌军？"

布莱德雷不满的望着赛伯特，讥讽的说道："我的情报官，你不是说发动攻击的应该是我们，而不是德国人吗？"赛伯特无言以对，他能说什么呢？情报军官判断失误往往会造成指挥官的决策失误。

布莱德雷见状，倒有些同情赛伯特，他自己不也认为德国人不敢发动反攻吗？在巴黎，史密斯参谋长曾揶揄说："将军，你不是希望德军反攻吗？看来你所期待的东西终于来到了。"他也无话可讲，只得忧郁地回答："是的，可是，我所希望的不是规模这样大的反攻。"

"巴顿将军有无回信？"布莱德雷想起了让巴顿来卢森堡一道研究反击作战的事情。

"巴顿还在抱怨，说由于您的失误使他失去了发动萨尔战役的机会，不得不把部队拉到北边救我们的命。"参谋长列夫·艾伦少将回答。

布莱德雷脸色又难看起来。巴顿曾是他的上司，要不是脾气暴躁，第12集团军群总司令的位置无论如何也不会是他布莱德雷的。巴顿对此一直不服气，这次终于让他找到发泄的机会。

"他什么时候来卢森堡？"布莱德雷阴沉着脸问道。

"明天。"

布莱德雷点点头，心里稍安，他知道巴顿是员勇将，会使局势转危为安的。

"李奇微呢？他什么时候加入作战？"布莱德雷又问。艾森豪威尔已决定把第18空降军这个预备队交给他使用。

"李奇微已经收到我们的指令了。"

"再给他发电，让他加速向战场运动！"布莱德雷命令道。

12月18日凌晨，美军18空降军军长李奇微少将正在位于英格兰维尔特郡的指挥所里睡觉。

凌晨2时15分，李奇微被电话铃声惊醒。电话是从远在卢森堡的第12集团军群司令部打来的，命令他加快开进速度。前一天，艾森豪威尔将军已把战区预备队第18空降军下放给了第1集团军，第82和第101空降师都已经接到命令，以最快的速度向巴斯托尼地区开拔。

▲ 盟军最高统帅艾森豪威尔。

李奇微一分一秒也不浪费，他的两个师都在法国，而他的第18空降军司令部大部分在英格兰。如果要使他的军队正常的运转，他就必须尽快地把他的司令部和装备运到欧洲大陆。

于是，他连夜同盟军部队运输司令部取得了联系，把现有C－47运输机集中起来使用。到拂晓时分，共有55架飞机载着李奇微和他的整个司令部起飞了。

他们行动得正是时候，因为最后一架飞机刚刚从跑道上起飞，浓密的大雾就漫过了英吉利海峡，李奇微以及他的那一班人马是40小时内最后一批离开英格兰的人。他们从浓雾中飞越法国上空，到达兰斯。或许是领航上的某种奇迹，机组飞行员竟找到了一条已被废弃的跑道降落了。

李奇微立即前往他的前线指挥所去向第82和第101空降师取得联系。在他到达他们的临时宿营地时，第101空降师的最后一支部队正在起飞，第82空降师也已经出动了。

李奇微决定立即驱车前往巴斯托尼。

他的车在浓雾和小雨中艰难地行驶，直到黄昏时分，才开进巴斯托尼美军第8军米德尔顿将军的指挥所。李奇微发现，与第8军军长镇静和乐观的情绪形成鲜明对照的是，该军司令部的其他人的脸色却非常忧郁，指挥所充满着不祥的气氛，这主要是因为与前线的联系中断了。尽管第1集团军司令霍奇斯将军命令米德尔顿撤出巴斯托尼，但是米德尔顿决心再待一夜，直到第101空降师能够领受防御任务、进入阵地为止。

李奇微决定当晚继续赶路，但米德尔顿说服了客人在这里过夜。19日早上，李奇微醒来，听见两位士兵在说话。一名士兵说："我们最好离开这个该死的地方。"另一名士兵说："我们走不了了，他们已经把我们包围了。"

李奇微作为一名空降兵，受的就是在敌人的包围下作战的训练，但对这次任务也觉得很难理解。这时，第1集团军已经就如何使用李奇微的部队作出了决定：第101空降师留在巴斯托尼，而第82空降师已经朝维波蒙特进发。李奇微的第18空降军将去指挥詹姆斯·加文少将的第82空降师以及其他部队。

李奇微临离开前，米德尔顿提醒他注意敌人的行动："马特，如果走诺维尔那条路，你也许会被敌人抓住。丢掉一个好军长，这将是我们的耻辱。我想，你应该走西北那条路到维波蒙特去，然后一直向西到马尔凯。"

李奇微尽管急着要赶到他的指挥所去，但他还是同意了。

当他到达维波蒙特时，第82空降师正奉命在这里阻击德军的进攻，对手是第1党卫军装甲军和其他一些德军部队，他们正在向西发动进攻。李奇微很快地在这里建立了他的第18军指挥所，它离萨尔姆河畔的特洛伊斯傍茨的直线距离只有12公里。

随着第82师的到达，加上李奇微非常走运地找到了第3装甲师一些部队的位置，他开始建立起一条长达将近100公里的防御阵地。最后，他的军接管了对第7装甲师和第106步兵师的指挥权，这两个师这时正在圣维特和维尔萨姆东南面进行殊死的战斗。

布莱德雷得知李奇微的空降军已投入战斗，心中又有些安慰。此时，他最想做的一件事情就是与巴顿研究下一步作战行动。

No.2 再次护驾

那么，美军事前的情报，没有报告阿登山区正面有如此大规模的德军，25万人。所以，面对突如其来的进攻，艾森豪威尔很快镇静下来了，他明白德军不是在进行一次瞎打瞎攻，而是进行目的十分明确的反攻。所以说，他必须要堵住第8军面前被撕裂的口子。

从战场态势来看，德军的进攻已经在第8军正面形成了一个突出部。艾森豪威尔想，必须消灭从两翼夹击突入进来的德军，为此，他需要装甲部队。当时，在第8军左翼有霍奇斯的第9集团军的第7装甲师，在它的右翼有巴顿第3集团军的第10装甲师。艾森豪威尔准备让这两个师援助第8军，攻打洛希姆突出部。可是，巴顿当时正准备按预定作战计划在萨尔发起攻击，他需要他这个装甲师。布莱德雷提醒艾森豪威尔："巴顿不会同意将他这个师加强给第8军的。"艾森豪威尔当时坚决地告诉说："你告诉巴顿，不是他，而是我在指挥这场该死的战争！"布莱德雷就赶紧去传达。因为巴顿的集团军是12集团军群内的一支部队，所以布莱德雷马上就告诉巴顿："你把你的第10装甲师抽出来，加强给第8军。"

巴顿果然不干。他直截了当地对布莱德雷说："是你的失误，而不是我，才使我们面临如此糟糕的局面！现在你又想让我的部队拉回到北面去救你，不行，我不去！"巴顿原来是布莱德雷的上级，1943年在突尼斯战役中，巴顿当第2集团军军长的时候，布莱德雷是副军长。一年之后，布莱德雷升集团军群司令了，巴顿在他手下干！巴顿本来心里就不平衡，所以借机就大发牢骚：不是我，是你，搞得乱七八糟！

布莱德雷就把这件事报告给艾森豪威尔了。

艾森豪威尔就立即让巴顿飞到巴黎，当面说服巴顿："你的行动关系到全局，如果让我选择，我也会交出这个师的。"艾森豪威尔说完之后，巴顿还是不表态，抽着烟不表态。他突然问巴顿："乔治，你还记得去年北非突尼斯卡塞琳的战役？"

巴顿说："当然了，当然记得！因为你那个时候，刚刚晋升为四星上将，你就遭到德国人的进攻，我当然记住这个事了。"

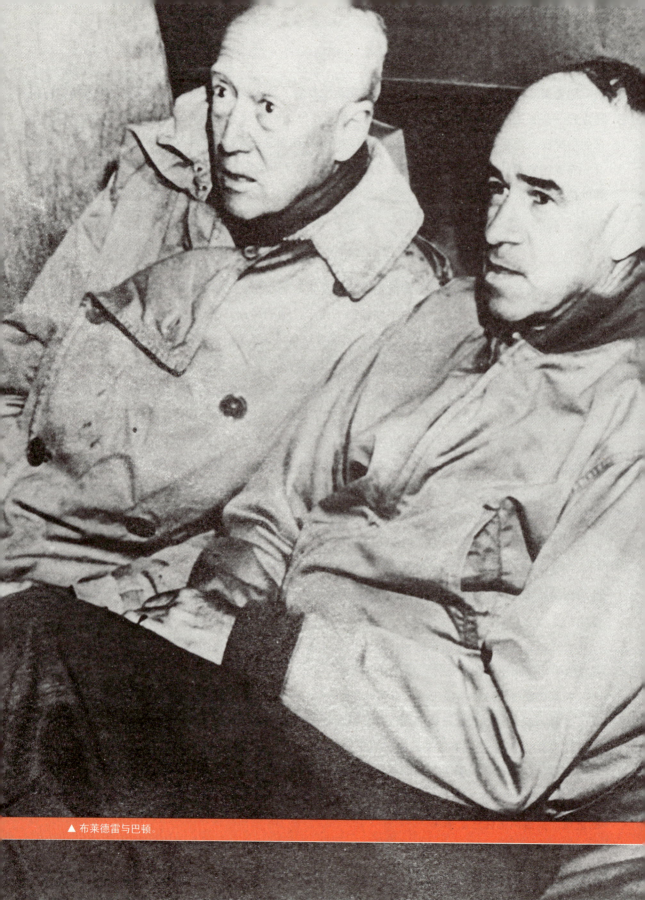

▲ 布莱德雷与巴顿。

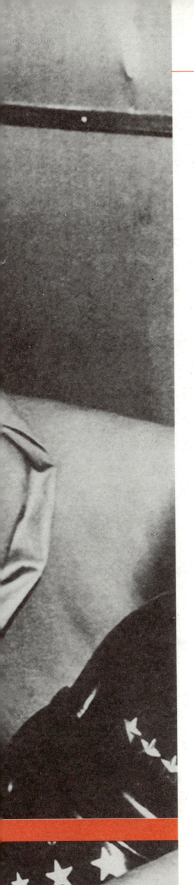

艾森豪威尔就笑了："好记性！那个时候，是你的奋战才击退了隆美尔的进攻。真滑稽！两天前我刚刚接到晋升我为五星上将的命令，却又碰上德国人进攻了。"他就跟巴顿说了这么几句话。

巴顿笑了，回敬一句："艾克，你是不是还是想让我为你这个将星再保驾一次啊？"

艾森豪威尔诚恳地说："为什么不可以呢？准确！再来一次吧！"所以，巴顿听完之后就把手伸过去，同意把他的第10装甲师加强给第8军。

艾森豪威尔就这样智慧地处理了这种突发事件和令他头疼的部属，为粉碎德军在阿登地区的反扑奠定了基础。所以说，艾森豪威尔的组织才能、协调能力非常强，他资历那么浅，军衔原来也不高，却令包括他的老上级都服他。

巴顿将军对德军发动的这次攻势有些幸灾乐祸，因为德国人帮助他再一次证明：布莱德雷的指挥才能远不如他。

他早就猜测到德军会发动这样一次攻势。11月末，他的情报官奥斯卡·科克上校向他报告，第3集团军对面的德军装甲部队突然失踪了。

当他得到从对面调走的德军装甲部队正向北面集结的报告时，马上意识到敌人有可能发动一次破坏性的攻势，从而打乱盟军的作战计划。

巴顿让科克把这一情报交给代号"黑市"的无线电破译队，由精明能干的查尔斯·弗林特少校负责，不断地监听敌军的通讯联络。12月16日6时30分，弗林特向巴顿报告，近日活动频繁的德军无线电台，昨晚突然开始静默。

巴顿转身问科克："你对这个情报怎么看？"

这位戴眼镜的学究模样的上校回答："我不清楚德军无线电静默意味着什么，但是我知道，当我们自己的部队实行无线电静默时，就表明我们要开始行动了。根据目前的情况，将军，我认为德军即将发起一场进攻，可能是针对霍奇斯将军的部队。"

巴顿接过话来说："霍奇斯将军没理会我们的情报，让米德尔顿的第 8 军待在那里不动，简直是自找麻烦。不管他们，如果德国人进攻我们的话，我一定让他们再尝尝苦头。"

德军的攻势很快证明了巴顿的判断，但是巴顿此时却无事可做，只能在希市塞尔街 10 号的司令部里与他的参谋人员研究预计 12 月 19 日向德军发动攻势的细节。电话铃突然急促地响了，大家都知道这部机子直通集团军群司令部。

电话是布莱德雷的参谋长艾伦打来的，他对巴顿的副参谋长哈金斯上校说道："请你们集团军停止第 10 装甲师的一切行动，并在今天夜里将该师移交给米德尔顿将军指挥。"

"什么？"巴顿一听便火冒三丈，把嘴角上叼着的一支雪茄烟咬下了一截儿。他的第 10 装甲师正处于待命状态，随时准备对付德军可能向第 90 师防御的迪林根地区展开的进攻。更为重要的是，巴顿要用这个师担当 12 月 19 日攻势的突破任务。

巴顿气愤至极。接过电话说道："给我接布莱德雷将军，我不同你讲话。"艾伦有些恼火，但又无可奈何，他知道巴顿的脾气，就连布莱德雷也要让他三分。

"听我说，布莱德雷！"他大声叫道，"别拆我的台，第 3 集团军为了准备实施这个计划，不知流了多少血汗。没有第 10 装甲师，我们无法扩大在萨尔劳腾打开的突破口。"

布莱德雷回答："第 8 军的形势十分危急，你应该理解一个处于困境的指挥官的心情。"

"我也理解你的心情，将军不是盼望德军发动一次攻势吗？"巴顿讥讽道，"但我不希望他们进攻，我要进攻他们。倘若你把第 10 装甲师从我身边调走，那么你就上了德国人的当，犯了第二个错误。"

这简直是在公然嘲笑布莱德雷无能！布莱德雷顾不上与巴顿争吵，以不可抗拒的口吻命令道："我对你的逻辑推理并不怀疑，乔治，但你务必要把第 10 装甲师调给米德尔顿。"巴顿还想继续争辩下去，但是布莱德雷打断了他："我要挂电话了，乔治，我不能和你在电话里无休止地争论这件事。情况紧急，我需要时间，命令你必须服从！"

巴顿骂骂咧咧地扔下了电话。他虽不了解德军发动这场进攻的详情，但本能地感到布莱德雷在这个时候调走他的一个装甲师，一定是遇到了大麻烦。

"我想他们在北面一定遇到了什么麻烦，"他用低沉的语调对科克说，"我早就认为他们会遇到麻烦事的！"

巴顿作战历来有"假大胆，真小心"的特点。很长一段时间以来，他对布莱德雷让北面的大部分部队按兵不动的做法感到很恼火，这并非由于他嫉妒他们的清闲或需要他们的帮助，而是因为他认为他们按兵不动的做法是危险的。他从未低估过敌人的力量，所以，他估计敌人会抓住机会向盟军反扑的。

18 日 10 时 30 分，布莱德雷又给巴顿打来了电话：" 乔治，我必须告诉你一件恐怕你不乐意做的事情，但是我没有办法，我不得不这样做：带上你的情报、作战和后勤处长立即赶到卢森堡。"

巴顿一听，心中产生一种快感：布莱德雷只能求助于我了。来到设在卢森堡城阿尔法饭店的集团军群司令部，巴顿受到布莱德雷的热情接待。

布莱德雷把德军进攻阿登山区的情况详细作了介绍：" 我打算暂时完全放弃东进的作战行动，让霍奇斯的第 1 集团军南下，你的部队北上，将突入阿登山区的敌人吃掉，你看怎么样？他以为巴顿一定不愿放弃他原来的计划，想不到巴顿很干脆地答应下来："管他呐！我们照样要杀德国佬。"

布莱德雷很高兴。又问："你对霍奇斯能帮点什么忙呢？" 巴顿在路上已意识到布莱德雷召他来的目的，他是个只要有仗打就开心的人，既然事实证明他比布莱德雷高明，他就不在乎在哪里发挥他的军事天才了。

他胸有成竹地回答道："我最精锐的 3 个师是第 4 装甲师、第 80 师和第 26 步兵师。我准备立即停止第 4 装甲师的行动，让他们到隆维集中，今晚就开始行动。明天早晨第 80 师就向卢森堡进发。我将命令第 26 步兵师整装待命，只要提前一天通知，这个师就可以投入战斗。"

布莱德雷太满意了。他没想到一下子就得到 3 个师的增援部队，而且都是精锐部队。"乔治，十分感谢你的支持。你立即回去部署，我期待着你的行动。"

巴顿连夜赶回了自己的司令部。

23 时，他刚要上床睡觉，又有电话找他，还是布莱德雷打来的。"乔治，非常抱歉又扰了你的梦，" 布莱德雷说道，"不过我不能不通知你，明天上午艾森豪威尔将军要在总部召开一次特别会议，11 点钟准时开，你必须参加。"

No.3 凡尔登会议

一提到凡尔登的名字，就会使人想起第一次世界大战期间在那里发生的可怕的大屠杀。第一次世界大战中有 100 万人在这里死于战火。在被炮弹炸得满是弹坑的土地上，到处布满了尸体。然而，如今美军所面临的局势，使得 30 年前那场凡尔登战斗相形见绌。与今天的战场相比，那场凡尔登战斗的确成了一个古老的历史事件。

1944 年 12 月 19 日，艾森豪威尔将军在凡尔登召开会议，讨论对付冯·伦德施泰特的突破问题，即著名的"凸出部"战役。早在 12 月 12 日，巴顿将军就推测德军可能对他的北翼即第1集团军的防区发起进攻，并且研究过如何对付德国人的这一行动。关于此后一段时间发生的情况，他在关于这次战役的札记中做了详细的记载。

会议在一个地下指挥部掩体内举行。到会的军官有：盟军最高统帅部副司令、空军上将特德，中部战场第12集团军群总司令布莱德雷将军，第3集团军司令巴顿将军，还有南部战场第6集团军群的雅各布·德弗斯中将，盟军最高司令部副参谋长斯特朗和一些参谋军官。艾森豪威尔走下楼梯，来到这个冰冷的会议室，房子中间只有一个大肚子火炉散发出一些温暖。此刻，往北65公里远的比利时边境，战斗正进行得异常激烈、异常混乱。盟国方面无人清楚纳粹进攻的确切目标或是盟军的伤亡人数。

艾森豪威尔环视着坐在桌子四周的一张张阴郁的脸——特德、布莱德雷、第6集团军群的雅各布·德弗斯将军以及通常总是热情奔放的美军第3集团军司令巴顿，说道："应该把目前的局势看做是我们的一个机会，而不是一场灾难。在这张会议桌上，只能有愉快的笑脸，应该高高兴兴地开会。"

▼ 艾森豪威尔与英国空军上将特德。

"好的，我们鼓起勇气，让那些狗崽子一直打到巴黎，然后我们实实在在地宰割他们，把他们吃掉。"巴顿开着玩笑，把全场的人都逗乐了。

"特德有什么意见？"这时，所有的目光都转向了这位空军将领。没有飞机的侦察，盟军就如同一群没有眼睛的盲人瞎马。

"飞机是无法在这种气候条件下飞行的。"特德阴沉沉地说道，"在这样大的雾中，任何飞机也休想从地面上飞起来。我觉得我的确是爱莫能助。"

艾森豪威尔站起身来厉声说道：'现在不是觉得束手无策时候，而是发起反攻的时候。"

在座的司令军官们同他的想法一样，此刻要做的不是撤退，也不是守住阵地，而是反攻。艾森豪威尔坐不住了，他把双手背在身后在屋里来回踱着。

"我犯了一个愚蠢的错误，操之过急地向德国边境挺进。但是，现在希特勒已经给我们敞开了大门，他投入了他剩下的唯一的一点后备力量。如果我们能迅速发动反攻的话，那么这次反攻则是这场战争中最后一次大规模的作战了！

巴顿坐不住了，他也从座位上站了起来。"反攻"，这是一个他心领神会的词句。巴顿激昂地说："你说得太对了，将军！至少，我们算是把他们引到了开阔的地带！第3集团军一定能把纳粹的臭屁股给揍掉。"

艾森豪威尔继续说："眼下我们还没有必要在南北两线同时发动反攻，我们总的计划是北线堵住漏洞，在南线发动联合反攻。"说到这儿，他又转过脸来对特德说道，"无论怎样，你一定要想办法克服一切困难让飞机飞上天去。"艾森豪威尔说着，来到一面墙前，墙上挂着一张从天花板直到地下的巨大军事地图，他用手沿着从利布拉芒特和乌法利兹之间的公路线说道："整个战役的关键就在这里——巴斯托尼控制着比利时中部所有的重要公路，我们要不惜一切代价坚守住这里。"特德走到艾森豪威尔身边，站在地图前面说道："我们派101空降师去固守。不过，德国装甲师早已把那里团团围住，他们恐怕也不能在那里坚持多久。"

"我知道。这就是你要打进去的地方，乔治，"艾森豪威尔指着巴顿将军说道，"我要你去卢森堡指挥这场战斗，你至少要投入6个师的兵力，进行一次强有力的反击。"

"遵命，将军！"巴顿回答道，虽然他心里不清楚究竟从哪里搞到另外3个师的兵力。

当艾森豪威尔问巴顿何时可以发起进攻时，巴顿毫不犹豫地回答到："12月22日早晨。"与会将领都以为他在信口开河，巴顿却不动声色地说："这不是胡闹，我已经做好了安排，我的参谋人员正在拟订作战计划。我可以在12月22日投入3个师——第26、第80步兵师和第4装甲师。几天后可以投入6个师。但我决定用手头的兵力发起进攻，我不能等待，否则会失去出其不意的效果。"艾森豪威尔同意了巴顿的计划。

会议结束后，巴顿立刻给参谋长盖伊打电话，发出了行动命令：第4装甲师经隆维向阿尔隆挺进，第80师经过蒂翁维尔向卢森堡进攻，第26师已做好一切准备待命出发。根据巴顿的命令，第3集团军的指挥部在最短的时间内（20日至22日）完成了大量艰巨的工作，其中包括：

1. 作战处做出了新的部署，将3个军由北向南的战线改为4个军由东向西的伸展，整个战线来了个90度的大转弯。

2. 佩里上校组织了1,338辆各种运输车辆，夜以继日的将部队和补给支队从前线转运到进攻阵地。总行驶里程达260万公里。

3. 马勒上校领导后勤处建立起一套新的补给系统，在100小时内转运了62,000吨物资。

4. 科克上校的情报处绘制和分发了几十万张新战场的作战地图，做出了敌情分析报告，及时的改变了战斗序列。

12月19日，艾森豪威尔和他的高级指挥官们召开了一场形势分析会。盟军如此快速地反击是希特勒始料未及的，艾森豪威尔非常乐观，他告诉属下，他不希望在会场上看到一张张拉长了的脸。他认

▲ 蒙哥马利乘车前往前线视察

为，德军的进攻暂时受挫，这为盟军提供了一次打败、甚至彻底消灭德军的最佳机会。艾森豪威尔在会上说明了自己的想法：一、盟军在默兹河后方决不能后退；二、巴顿将军负责率部进攻德军南翼，辛普森上将的第9集团军随时准备袭击德军北翼；三、巴顿将率先发起进攻，然后前往巴斯托尼与第1集团军会合。然后，艾森豪威尔转头问巴顿什么时候可以发起进攻，巴顿立即回答说3天之内，然后又补充说只需要3个师的兵力就可以完成任务。艾森豪威尔提醒巴顿不要过于轻率，但他发现巴顿的表情非常认真。接着，巴顿解释道，他已经起草了相关的3项计划，只要向他的司令部打一个电话，就可命令他们选择其一，并立即开始向巴斯托尼开进。

No.4 大权在握

会议结束后，艾森豪威尔返回了驻凡尔赛的司令部。此时，他又要做出一个重大决定。他的参谋们一致认为，由于德军的渗透，布莱德雷的司令部距离第1和第9集团军太远，无法有效地指挥这些部队。他们建议，唯一的办法只能将突出部北部的部队指挥权暂时转交给蒙哥马利，而由布莱德雷指挥部队从突出部南部进攻德军。这是一个非常敏感的决定，因为这可能是对布莱德雷作为一名高级指挥官的能力的考验。但是，这也存在着蒙哥马利利用这次行动谋求北欧战场地面战争全面指挥权的危险。尽管如此，因为艾森豪威尔看到了这一建议的重大价值，随即批准了有关建议。

第二天早上，该项命令发出之后，出现了预料之中的结果。布莱德雷非常生气；而蒙哥马利却由于获得了更大的指挥权而狂喜。然后，一向不够沉稳老练的蒙哥马利立即前往第1集团军司令部，澄清美军对他这个英国陆军元帅的种种怀疑和猜测。

这个时期，蒙哥马利将军接过了位于德军突破口北面的美军第1集团军的指挥权。他以第1集团军向南推进来对付德军的进攻，在豪费利茨附近同第3集团军会合。接着，第21和第12集团军群共同作战，将敌人赶到了东面的齐格菲防线。为了把第3集团军抽调出来做进攻之用，第6集团军群担任了防御任务。它接过了第3集团军的部分的防线，在孚日山区建立了防御阵地。意大利境内的情况没有多大变化。

他的一名参谋后来评价，蒙哥马利当时的表现简直就像一个"前往教堂净化教徒心灵的救世主"。但是，无论是布莱德雷还是蒙哥马利，他们在处理个人感受时，都缺乏专业水平。后来，布莱德雷被迫做出让步，蒙哥马利也缓和了自己的态度。当时，他认为美军应当撤出圣维特，但美军不同意这个观点，坚持在此抵御德军。

▲ 美军部队向前线行进。

第九章

决战

　　如果我们能够再多出 10 个装备精良的师，就有可能将盟军打败在默兹河。但是，至于怎样守住如此漫长的突出部防线，我们当时还不是很清楚，所以我们的战略形势可能会更糟糕，而不是更好。

——德军总参谋长阿尔弗雷德·约德尔 1945 年接受采

访时所做的评论

No.1　德军直扑巴斯托尼

圣维特的战斗和巴斯托尼地区重要交通要道附近的战斗是同时发生的。

12月19日，就在守备部队一切准备就绪前，伦德施泰特开始对完成此次任务疑虑重重。第二天，巴斯托尼地区守军严阵以待，准备消灭一切来犯之敌。

担负此次防御任务的主力是第101空降师，仅拥有10,000多人的兵力。担负支援任务的是第10装甲师的B作战群，其下属的两个战斗队在巴斯托尼东部遭到德军猛烈攻击，损失惨重。但与之相比，第9装甲师的R装甲作战群损失更为惨重，整个部队支离破碎，只有一个野战炮兵营还算完整，坦克部队被编入派尔战斗小组，置于霍华德·派尔上尉的领导之下。R装甲作战群剩余人员被编成一支临时特混部队，包括步兵、失去坦克的坦克兵、勤务人员和其他各类人员。他们幽默地称之为SNAFU（意为"虽然编制不正规，但精干有力"）小队。炮兵部队的情况较好，拥有第101空降师的一个火炮连，装备了105毫米口径榴弹炮和75毫米口径驮载榴弹炮。另外，炮兵部队还拥有4个装备155毫米火炮的火炮营。这样一来，盟军部队在前线的火炮总数就达到了130门。麦考利夫准将对这些武器进行了缜密部署，确保它们能够覆盖巴斯托尼周围整个防区，甚至村庄外面的观察哨。

虽然德军在阿登山区的反攻作战取得了成功，但被突破地段的两端仍是盟军固守的阵地，德国的反击部队只能沿着一条狭长的突破地带推进。在这个狭长地带的前方，是一座叫巴斯托尼的小城，此时，这座横亘在德军挺进的道路上的小城成了战役的焦点。

巴斯托尼是一个人口不足4,000的小镇，坐落于比利时南部的一个狭小平原上，四周为稀疏的林地和丘陵。由于阿登南部公路网中有7条通过此地，所以其战略地位尤显重要。德军原估计巴斯托尼防守兵力薄弱，计划让战斗力不是很强的第26民兵师顺道去占领它，但101空降师的顽强抵抗使德军的进攻受挫。随着战斗的推进，德军统帅部发现巴斯托尼不但成了整个德军战线的"钉子"，而且直接威胁着德军的后勤供应，牵制着德军的有生力量。这一切使德军下决心拿下巴斯托尼，他们派出了拜尔林和冯·卢特维茨将军率领2个军的兵力前来进攻。

德军先头部队司令曼陀菲尔声称："在德国坦克和安特卫普之间，只有一个障碍，那就是巴斯托尼。"

德军第5装甲集团军的两个装甲军，第58军在右边、第47军在左边，都冲破了盟军的防线，创造了向西前进的条件。在德军取得初步胜利之后，盟军就发动了快速反击，把第58装甲军的右翼赶回了奥尔河的东岸，可是该军左翼出乎预料的胜利弥补了右翼的失利。左翼不仅强渡了奥尔河，而且还利用这一出乎意料的胜利在12月16日建立了桥头堡，这个桥头堡在以后的战斗中发挥了极其重要的作用。第560人民步兵师是由一些初次参加战斗的年轻士兵组成的，尽管气候和道路条件都很坏，但他们在攻势中的表现依然很勇猛。可是，跟在第560师后面的第116装甲师在16日至17日晚间未能渡过河去。于是就设法让他们往南走，通过一座已被友邻部队占领的桥梁到对岸。部队终于过了河，但是在那里造成了拥挤不堪的混乱情况。

曼陀菲尔的集团军的左翼第47装甲军在强渡奥尔河和击毁美军前沿阵地时没有遇到什么困难。第一天上午，德军就可以开始在达斯堡附近架桥了。下午4时，前锋坦克开过了这座紧急架设的桥梁，但他们再往前走速度就慢了。从达斯堡到克莱夫的好几公里路上到处躺着被砍倒的树干，这是德国人1944年秋季撤退时设置的障碍。结果造成交通堵塞，一直堵到桥上和东岸的通道。尽管所有的部队都急着要向前赶路，可是交通堵塞减缓了各处的攻击势头。

严重的交通堵塞也影响了装甲师的行动。该师只有侦察营等少数部队通过了奥尔河，而全师大部分部队连河边都到不了。曼陀菲尔觉得该师的被阻在此是一个严重的挫折，因为曼陀菲尔指望它投入战斗后会获得重大战果。以后几天情况的发展证明曼陀菲尔的担心是完全有道理的。

17日，第58军的第2装甲师勉强沿着克莱夫河的北岸向西挺进，然后折向南，在克莱夫火车站附近夺取了渡口。在这里盟军很快停止了一切反抗。实际上，美军在这一阶段的作战计划显然是有意把部队撤到克莱夫河的后面去，因为在大致相同的时间内，盟军在第26人民步兵师的地段内也停止了抵抗。那天白天这个步兵师有一个营打进了克莱夫村，在下午5时还占领了南面一座未被毁坏的桥梁。虽然该师的大部分部队没能在天黑前赶到克莱夫，但它还是在天黑后过了河，没有遇到任何抵抗。它跟左邻部队第7集团军第5伞兵师取得了密切的联系。

这样，两支装甲军已经顺利地开始了突破的任务。下一步是要紧紧咬住盟军，使他们不能建立新防线。因此，装甲师，特别是负有重托的装甲师全速前进，具有决定性意义。

第5伞兵师夺取了克莱夫河的一个渡口，这就打通了穿过威尔兹继续向西推进的道路。这里，在第5装甲集团军和第7集团军的交界处附近，德军发现了盟军防御上的一个特别薄弱的环节，由于第5装甲集团军的南翼也取得了较大的进展，所以盟军这个薄弱环节对德军更加有用了。但是，第7集团军由于缺乏工程兵部队不能立即利用这一有利条件。直到18日甚至19日，才能够架完德军急需的3至5座桥梁。第7集团军正确地认为，在突袭的决定性的时刻发生这种失误使它失去了进行突破的最好机会。

在第5装甲集团军地段，尽管德军在12月17日取得了一些成功，但是能否在限定的时间内达到目标开始变得很不确定。能否做到这一点取决于能否出现有利的条件，尤其是美军在克莱夫河西面的抵抗必须非常软弱，使德军的主攻部队能够一举消灭。但是德军几乎不能指望出现这种有利条件。敌人的力量虽然弱，但正在进行相当强硬、有时甚至是非常顽强的抵抗。

18 日期间，上面已提到过的道路车辆混乱情况开始严重地影响到德军的作战行动了。上午 9 时，装甲师过了克莱夫河，但它在傍晚才到达尼德·万巴奇。当天夜间该师向马格雷前进，那里的盟军在黎明时已被清除，直到 19 日的上午才到达巴斯托尼。该师是遇到了不少困难。它曾又一次被堵在拥挤不堪的道路上，在师部报告中所列举的种种困难，毫无疑问都是确实的。然而有一点是值得讨论的：要是把该师的一部分实力转向南边是否更明智些呢？这样做很可能使德军在这一地区获得相当大的成功。

19 日，第 47 装甲军袭击的势头又一次慢下来了。快到中午时，跟美国第 10 装甲师的一个战斗部队发生了一场恶战。德军的侦察部队在前一天傍晚就发现他们在向西移动，而且早在 19 日已在隆维利区发现了他们。该战斗部队上午袭击了第 2 装甲师的南侧。它的任务显然是通过对前进中的德军部队进行流动骚扰战，使美军能完成他们在巴斯托尼东面正在建立的防御线。交火的结果是彻底地消灭了这个战斗部队。然而从盟军的角度来看，这场代价高昂的战斗不完全是损失，因为由第 26 人民步兵师和第 47 装甲军的装甲师所进行的重点进攻一直被推迟到中午。盟军获得了好几个钟头的宝贵时间，使他们能在巴斯托尼东面和东南面建立防御阵地。德军的侦察部队报告称，盟军这个战斗部队并不弱，它不是被仓促派出来抵挡一阵的，相反它是一支由火炮支援的单独作战的强大部队。

第 26 人民步兵师在防守坚固的比佐里前被迫停了下来。装甲师占领了内夫，傍晚打进了瓦尔丹。侦察部队报告，在马尔维及其附近还有盟军更强大的部队。

第 47 装甲军 19 日傍晚所面临的问题是：是投入全部力量去立即夺取巴斯托尼，还是按照原来计划，它的装甲师绕过巴斯托尼，继续向西推进，让第 26 人民步兵师去最后占领巴斯托尼。第 5 装甲集团军决定，装甲师也应立即被派去进攻巴斯托尼，但是该师的部分部队应随时能通过西伯莱继续向西前进。巴斯托尼的重要性是显而易见的。它在盟军手中必定会影响德军部队向西进军的行动，破坏德军的补给系统，牵制住相当多的德国军队。因此，德军立即占领巴斯托尼是非常必要的。

甚至在战役开始之前，对于德军是否有足够的部队同时去执行两项任务：前进和掩护德军的南翼，看来还是有疑问的。要包围巴斯托尼就需进一步调集德军已经很不充足的物资。如果美军掌握了巴斯托尼，这就成了盟军手里的一块吸铁石。这对德军是个长期存在的危险，因为如果美军突破了这个城市的包围，那它就会成为破坏德军整个进攻计划的最好的出发点；另一方面，如果德军现在把第 47 装甲军全部投入攻打巴斯托尼的战斗，那就意味着德军暂时放弃了进攻计划，这样做的结果就是不可能进一步向西前进了。因此，第 5 装甲集团军决定，第 2 装甲师应该夺取诺维尔，然后毫不迟疑地向西进军。同时，命令第 47 装甲军派出装甲师于 20 日再次从东面袭击巴斯托尼。第 26 人民步兵师的任务是从它现已到达的各阵地上继续朝巴斯托尼方向进攻：在穿过诺维尔－巴斯托尼公路之后，从北面袭击巴斯托尼。

西线总司令建议，把原来设想作为"小解决"计划中的右钳脚的部队从盖伦教堂地区派出向南袭击马斯特里赫特以及该城的东部地区。希特勒拒绝了这项建议，不仅如此，他还命令第 47 装甲军的两个装甲师从盖伦教堂地区调到阿登去。事情就这样办了。第 9 装甲师师长向曼陀菲尔报告说，他那个要参加第 47 装甲军的师零零落落地在 95 公里的路上走，他也不知道他该在什么时间、什么地方领取燃料，使部队完成战斗行军。

20 日，第 2 装甲师攻占了诺维尔和弗瓦。午夜，该师到达奥坦维尔，夺取了乌尔特河上一座完整无损的桥梁。它留下了护桥部队后继续向西前进。可是，第 26 人民步兵师在盟军顽强阻截下不能继续前进。从内夫向蒙特方向的袭击没有取得什么进展。瓦尔丹虽然被德军占领了，但盟军继续顽强勇敢地保卫着马尔维。盟军在巴斯托尼南部的抵抗显然不如在巴斯托尼东部那么猛烈。

12 月 21 日，气候转好，盟军的战斗轰炸机首次出现在德军两支装甲军的上空，第 2 装甲师现在缺乏燃料，因此只能取得有限的进展：它把乌尔特河上的桥头堡扩大到唐维尔。经过艰苦的战斗，第 26 人民步兵师攻下了西伯莱。然而，从北面和东面对巴斯托尼的主攻还是没有取得进展。现在除了在城东尚普斯和塞农尚普斯之间有一个缺口外，包围巴斯托尼的任务已经完成了。就在这一天，装甲师派了一名军官举着停战的旗帜到巴斯托尼去，要求盟军交出该城。这事先没有得到曼陀菲尔的批准。曼陀菲尔认为这个行动毫无意义，因为一旦盟军拒绝投降，德军是无法坚持这一要求的。德军的炮兵没有足够的炮弹来对该城进行猛烈的炮击。当曼陀菲尔遇到该师师长时，他对曼陀菲尔说了打出停战旗的事，但是由于被派遣的军官已经离开，曼陀菲尔来不及撤回命令了。德军要盟军投降的要求被拒绝了。21 日晚，侦察队的报告还没有表明盟军正从西线把新部队调向德军两个主要装甲师的前线。

22 日，美国空军的活动开始增多。曼陀菲尔集团军的装甲师正在向罗什福尔前进，到达了圣休伯，并于第二天夜间攻下了该城。下午，在雷米香槟－莫雷公路上前进的个别车辆受到坦克和反坦克炮火的射击，燃烧起来了。这些炮火是从南面，即雷米香槟－莫雷公路与巴斯托尼－沃勒罗齐埃尔公路交叉口附近打来的。

▲ 围攻巴斯托尼的德军装甲部队。

原来有一小股盟军从南面突围了，正在小罗齐埃尔北面几百米地方的一个交叉路口开火。装甲师的坦克迫使这股敌人后退。曼陀菲尔目睹了这场战斗，因为曼陀菲尔当时跟装甲师的主攻部队在一起。

第7集团军报告说，第5伞兵师在这一天不断受到美国侦察部队来自南面的袭击。然而该师说，不必担忧，它的掩护线已向前推到肖蒙－雷穆瓦维尔公路的南面，它的前沿部队位于里伯拉蒙地区。

第26人民步兵师指向巴斯托尼的攻击进展缓慢。双方发生了猛烈的交火，该师有些部队曾一时处于危急状态。

21日和22日连续两天，美国空军向巴斯托尼守军投掷了补给品，由于天空转晴，这是很容易看到的。22日傍晚，巴斯托尼的美军发动了一系列反攻，德军拼凑了所有可用得上的后备队才勉强击退了这些反攻。第26人民步兵师在这几天中遭到了严重伤亡，战斗实力大大削弱了。盟军袭击的目的是否是为了打破德军的包围圈，这点还不清楚。可能巴斯托尼驻军正企图跟从南边前来的盟军会合，这是有可能的。南边盟军的压力现在已是确实无误的。敌人突破巴斯托尼包围之后，据估计会袭击还在向西前进的第5装甲集团军的装甲师的纵深侧翼了，这至少是当曼陀菲尔穿越巴斯托尼西南面战线返回时，看到盟军的猛烈炮火被逐渐压下去，所得到的肯定印象。

12月22日傍晚起，巴斯托尼的形势就被逆转了：从此以后，包围部队就成为防守部队了。

然而当德军第5装甲集团军第47装甲军抵达公路交通枢纽巴斯托尼时，却只留下战斗力不强的第26人民步兵师攻打该城，主力第2装甲师和装甲教导师绕城继续前进。至12月20日，德军的进攻部队已形成一支宽约100公里、纵深30至50公里的凸出部，并继续向前推进。没人能想到，巴斯托尼这个小城，会成为阿登战役中的马耳他。

No.2 反攻

凡尔登会议一散，巴顿就拿定了主意，不回第3集团军司令部了，他对副官说道："我不回南希了，让米姆斯中士把吉普车开来，我们5分钟后就出发去卢森堡。另外，给沃克将军打个电话，告诉他我要顺道去蒂翁维尔见他。"

黄昏时分，巴顿一行抵达第20军军部所在地蒂翁维尔，受到军长沃尔顿·沃克少将的热情欢迎。

巴顿与沃克一起进晚餐，俩人边吃边谈。他把几天来发生的事情介绍了一遍，又谈了自己对布莱德雷和艾森豪威尔的看法："真他妈邪了，我和辛普森在他们两人的指挥下，要知道这俩人在军校比我和辛普森低 6 级呢。"

沃克吃惊地望着自己的上司，他知道这个爱惹是非的司令官总是在关键的时刻，由于自己的言行的不慎而失去因战功卓著给他带来的晋升机会。

沃克理解上司的心情，劝他少喝一点。巴顿爽然一笑，用餐巾擦擦嘴："话要说，仗要打。借我一套睡衣和一把牙刷，我在你这里过夜，明天再走。"

翌日清晨，他又出发了。9 时到了卢森堡。几天没来，他发现这个小公国的首都已经经历了一番激烈而又令人沮丧的变化，整个城市都沉浸在焦躁不安的沉闷气氛中，不知所措的居民聚集在街头巷尾和大小广场上，倾听着约 10 公里之外的隆隆炮声，流露出绝望的神情。在阿尔法饭店里，慌慌张张的集团军群的参谋人员不停地忙碌着。

谁也没有注意到巴顿这位常胜将军抵达这里，因为他只身一人来到他的新司令部，这与一年前他威风凛凛地抵达突尼斯的情况真有天壤之别。那次他的专车驶入库伊夫时，警笛齐鸣，后面簇拥着长长一队装甲车和半履带式车辆，多大的气派！

不过，巴顿对此却不在意，因为时势又给他创造了一个显示自己军事天才的机会。

布莱德雷神色有些疲惫，他向巴顿介绍了战场情况："德国人继续突破我们建立的新防线，在圣维特、马尔维和瓦尔德比利希等第 8 军的作战地区，德军按照预定的作战计划，步步紧逼，毫不放松——第 5 装甲集团军朝布鲁塞尔方向，第 6 装甲集团军朝着安特卫普方向疯狂地进攻，简直锐不可当。"

巴顿默默地听着，眼睛却盯住了作战地图上的一个小小的地名："这里的情况怎么样了？"他问布莱德雷。

"第 101 空降师已加强给了第 8 军，已在那里坚守防御。"

"好，我的反攻作战就从巴斯托尼开始！"巴顿叫了起来，那声音充满了自信。

12 月 20 日早晨，巴顿到达卢森堡布莱德雷将军的司令部。巴顿发现他没有通知自己就把第 4 装甲师的 B 战斗群从阿尔隆调到了巴斯托尼以南某地，并让第 80 师留在卢森堡。由于这个战斗群尚未投入战斗，于是巴顿将它撤回阿尔隆，并让第 80 师继续向梅尔奇附近推进。

巴顿正在同布莱德雷讨论同第 1、第 3 集团军联合行动计划，艾森豪威尔打来电话告诉布莱德雷，蒙哥马利将军将指挥美军第 1 和第 9 集团军，理由是布莱德雷同这些部队之间的电话联系很困难。实际上并不是那么回事。当时巴顿感到布莱德雷是遭到了冷遇，原因可能是艾森豪威尔对他失去了信任，也可能是因为只有这样艾森豪威尔才能防止蒙哥马利"重新编组"。

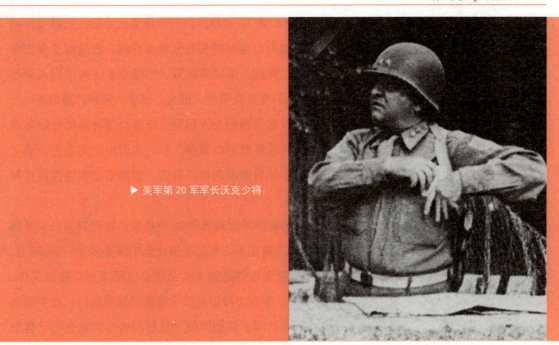

▶ 美军第 20 军军长沃克少将。

　　说到蒙哥马利的进展缓慢，使巴顿想起米克斯军士对巴顿说过的话来。那还是刚开始时的事。当时蒙哥马利正守在卡昂，而盟军正在发动进攻。米克斯军士评论说："啊！上帝，蒙哥马利再不赶快行动，那些英国士兵就将只能站在水里，吃从他们左脚上长出来的草和贝壳了"。

　　不管怎样，布莱德雷将军还是以真正的军人姿态接受了这实为降职的命令。在后来的战役中他从没有插手第 3 集团军的作战行动。而他本来是很可能这样做的，因为他能指挥的也只有这支部队了。在盟军方面，巴顿总是把自己要做的事情告诉他，同他和他的参谋部商量，从而有所收益。

　　巴顿又从卢森堡驱车前往阿尔隆，见到了米德尔顿、米利金和保罗。从米德尔顿那里了解到战局的第一手情况。第 8 军仗打得很好。但除了在巴斯托尼的第 101 空降师，只剩下一些残存部队同德军作战。在巴斯托尼还有第 9 装甲师的一个坦克战斗群、第 10 装甲师的一个坦克战斗群、第 705 反坦克炮兵营以及一些有色人种的炮兵部队及军需部队。同那些有色人种的炮兵部队相比，这些军需部队要干得好得多。他们用步枪武装自己，作战非常勇敢。

　　会见结束之后，巴顿视察了第 9 和第 10 装甲师及第 4 和第 80 步兵师的指挥部（这些部队全部位于卢森堡东北面）。巴顿指示负责第 10 装甲师指挥的莫里斯将军暂时指挥他师的两个坦克战斗群，以及他附近的第 9 装甲师和第 4 步兵师的各一个战斗群，直到埃迪将军的第 12 军从南面到达该地。巴顿让第 9 装甲师师长伦纳德将军将指挥部移到第 8 军，并负责指挥位于巴斯托尼的第9装甲师的两个坦克战斗群和第10装甲师的一个坦克战斗群。巴顿觉得把第8军的第9、第10装甲师分开是错误的。然而，当时的情况只能这样做。巴顿打了多次电话筹措自行反坦克炮营、师属坦克营、医院、弹药、架桥器材等。巴顿命令这两个坦克师和第4步兵师从其他坦克火炮部队调拨人员把他们当步兵使用。因为，这3个师都严重缺员。

巴顿自己也没有闲着，他和米姆斯中士开着他那辆油漆锃亮，挂着大号将星的吉普车跑遍了全军，独自完成了需要一个连的参谋人员才能做到的复杂工作。大雪中，大衣上沾满了泥浆和雪花的士兵在巴顿煽动性演说的刺激下顶着凛冽的寒风前进。指挥官站在坦克的指挥塔上调度和指挥部队的行进。

在闹哄哄的一天就要过去的时候，司机米姆斯军士对巴顿说："将军，政府花了一大笔钱雇佣了庞大的参谋部，我们一天跑完了整个第3集团军。而且干得比他们漂亮多了。"实际上，第3集团军能成功地从萨尔运动到凸出部，完全靠得是第3集团军参谋部卓有成效的工作，特别是盖伊将军、马勒将军、尼克松上校和E·布希上校以及第3集团军军需部门，如果有人想学习怎样调动部队，就请研究一下这次行动。第3集团军的"战后报告"对此进行了详细的描述。12月12日黄昏时的部署如下：第8军（米德尔顿将军）现在属于第3集团军，为左翼，包括第101空降师及其所属部队、第28步兵师（缺6个团）、第9装甲师及军直炮兵部队；第3军（米利金将军）有第26和第80步兵师以及第4装甲师；第7军（埃迪将军），此刻在卢森堡，有第4步兵师、第5步兵师、第10装甲师，这些部队在埃迪到达之前由莫里斯指挥；第20军（沃尔克将军）有第90师、第95师和第6装甲师，但是，第6装甲师还不能离开它所在的萨尔奎梅因斯附近的位置，还得等第7集团军的部队前去换防。第35师正向梅斯运动，并在那里接受人员补充，再看情况配属第12军或第8军。

第3集团军就这样在巴顿的指挥下，面对着德军的阻截和恶劣的天气在短短的几天内，把一支十几万人的军队从萨尔地区快速调往阿登山区，实现了战线由南向北的全面转移。

巴顿离开布莱德雷的司令部，乘车到部队视察。在一天的时间里，他拜访了第8军军长米德尔顿少将、第3军军长约翰·米利金少将。第9装甲师师长莫里斯少将、第4装甲师师长休·加菲少将、第4步兵师师长布莱克利少将、第80步兵师师长麦克布里德少将。

巴顿在当晚召开高级军官会议。会上，他显得充满信心。他说："到21日黄昏，我们第3集团军兵力部署是这样的：左翼第8军，包括第101空降师、第28步兵师、第9装甲师及军直炮兵部队，该军正在巴斯托尼激战；第3军，包括第26、第80步兵师和第4装甲师；埃迪少将指挥的第7军，辖第4、第5步兵师和第10装甲师，正在卢森堡集结。右翼是沃尔克少将指挥的第20军，辖第90、第95步兵师和第6装甲师。但是第6装甲师还不能离开它所在

▲ 巴顿与手下将领在司令部

的萨尔奎梅因斯附近的位置，还得等第 12 军或第 8 军。鉴于上述情况，我决定米利金将军的第 3 军于明日，即 22 日凌晨向德军围攻巴斯托尼的部队发起进攻，攻击的地域从东面的阿尔泽特河一直延伸到西面的纽查图，战线全长约 30 公里。"他停了一下，继续说道："艾森豪威尔将军让我 23 日或 24 日再反击，我等不到那时了，太晚了。巴斯托尼包围圈内的美军简直度日如年。"

按照巴顿的作战计划，第 4 装甲师和第 26、第 80 步兵师齐头并进由北向南进攻。在一字排开的进攻阵势中，第 4 装甲师在西面，从阿尔隆向巴斯托尼进攻；第 26 步兵师居中，向维尔茨方向进攻；第 80 师在东面，从梅尔施附近发起进攻，以便夺回艾特布鲁克和绍尔河的防线。

"但是，德国人是否会发现我们的企图？"米利金 10 月份才调到第 3 军任军长，他有些担心。

"我想目前的天气会回答你这个问题，据天气预报，明天还是阴天，上帝在帮助我们而不是帮助德国人。恶劣的天气使敌人的侦察机都冻僵在机场上，我断定他们在 36 小时内无法作出反应。"

"任凭 3 个师的兵力发起进攻，能否奏效？要知道拜尔林是我们的老对手了，我们在非洲就同他作过战。"第 4 装甲师师长加菲也发问道。

"非常遗憾，我听到一个屡战屡胜的将军提出了一个连普通士兵都不屑一顾的问题。"巴顿不满地讥讽道，"别说一个拜尔林，隆美尔又怎么样？还不是让我从突尼斯赶到了意大利？3个师的兵力是少了一点儿，但是现在还能集结更多的兵力吗？不能！兵不在多，而在用。与其等待而失去良机，不如以这 3 个师的兵力出其不意地发起进攻！"

加菲脸一红，不再问了。

"范登堡将军已答应我，一旦天气放晴，他的第 9 航空队将不遗余力地给我们以空中支援。"巴顿又对诸位说道。

大家不再提问了。他们都知道巴顿的特点与脾气。这位行动果敢的将军一旦下定决心，任何建议都是徒劳的。

"如果大家没什么可问的，我还要说几句。"巴顿点燃一支雪茄，"诸位都是杰出的将军，知道这是一场恶战，但是不应该对战争产生畏惧。战争在作家的笔下是可怕的，因为这帮要笔杆子的人既没有听到过敌人的枪声，也从未耽误过一顿晚饭。他们不是按照战争的本来面目来描写战争，而是按照他们的想象描写战争。战争是什么？战争是人类所能参加的最壮观的竞赛。战争造就着英雄豪杰，战争荡涤着一切污泥浊水。有人害怕战争，但是，懦夫只是那些让自己的恐惧战胜责任感的人。责任感是什么？责任感是大丈夫气概的精华！美国人都应该为自己是男子汉而感到自豪。"

他吸了一口烟，继续说道：“告诉你们的士兵，敌人也和他们一样害怕，可能比他们更害怕。我们已经消灭了敌人的精锐部队，我们这次战斗将要碰到的并不是敌人的精华。你们应该让每一个美国军人记住：无论是在肉搏中还是在战斗中，总是进攻者取胜。被动防守是不能打胜仗的。在座的诸位大都是西点军校的毕业生，西点军校的学员必须懂得，不让敌人进攻你的办法就是你去进攻他。这个道理要通过你们告诉士兵，让他们知道，战斗中的死亡是因为时间和敌方的有效火力在起作用。每一名美国军人都应该以自己的火力去压制住敌人的火力，以迅速的行动来缩短时间！”

巴顿喝了一大口茶，润润嗓子，激动地大声说道：“有人说我逞强好斗，这个评价恰如其分。因为我是美国人，我们美国人就是喜好竞争的民族。我对任何事情都好胜，都愿下赌注。我们参加的是一场有史以来最激烈的竞争。你们要同其他美国人和同盟国的军队竞争，去赢得最伟大的荣誉，那就是胜利！最先取得胜利的人永远不要忘记这点。”这番独特的战前动员，引发出将军们的热烈掌声。大家站起身，推开门，走出会议室。

雪仍在下着，纷纷扬扬的雪花落在将军们的肩上，大家谁也没有在意，各自奔赴自己的岗位，去迎接明天战斗的黎明。

12月20日下午，麦考利夫准将拜访了米德尔顿少将驻讷沙泰勒的司令部。在被问及巴斯托尼还能坚持多久时，麦考利夫回答说，即使德军对阵地形成合围之势，他们至少也能够坚持两天。但是，米德尔顿对此表示怀疑，只能暗自祈祷讷沙泰勒和巴斯托尼之间的公路千万不要被德军切断。如果被切断，第101空降师将被团团包围。当麦考利夫离开米德尔顿的司令部时，他命令司机全速前进，以免公路被敌人切断。幸运的是，在他返回自己的司令部30分钟后，公路才被德军切断，巴斯托尼已被德军包围。

在未来两天里，德军进行了几次侦察，但没有进攻，只是继续集结攻击部队。第101空降师的全体官兵面对德军的包围镇定自若：第506伞降步兵团的理查德·温特斯上尉说，伞降兵正“期待”着被包围。但麦考利夫却忧心如焚，因为弹药已经出现了明显的短缺，食物和油料日趋减少。既然如此，守备部队只能耐心地等待。12月22日中午时分，驻守前沿阵地的部队异常吃惊地发现4名德军举着白旗朝阵地走来。随即，两名军士带上一名会讲德语的士兵走出指挥所，探究来访者的真正目的。

4名德军中有两名军官和两名士兵。其中一名军官用娴熟的英语向他们解释道，他们希望与该地段守军的指挥官对话。4名德军被带到作为临时指挥所的一处农舍。莱斯利·史密斯中尉将两名军官带进连指挥部，让两名士兵留在外面等候。然后，德军军官将一份最后通牒书交给了连长詹姆斯·F·亚当斯上尉。德军在最后通牒书中威胁美军尽快投降，不然他们的大

▲ 巴顿的部队向巴斯托尼进军。

炮将把巴斯托尼夷为平地。这个最后通牒实为无耻之举，因为第5装甲集团军没有足够的火炮，根本产生不出如此巨大的威胁。消息逐级上报，最终经由麦考利夫的参谋长内德·D·穆尔中校之手呈递到了他的手里。麦考利夫询问最后通牒的内容。

穆尔说："他们建议我们投降。"

麦考利夫回答道："哦，见鬼去吧！"

麦考利夫召集参谋人员，询问如何回复德军的最后通牒。他们苦思冥想，很难找出合适的回复。最后，作战科长哈里·金纳德告诉麦考利夫准将，他的第一反应是对最后通牒的最好回复。参谋人员纷纷赞同，麦考利夫起草了一份军事史上最著名的最后通牒回复书，上面写道：

致德军指挥官：
见鬼去吧！

美军指挥官

接下来，第 327 滑翔机步兵团团长约瑟夫·哈帕中校将回信交给了其中一名德军军官，对方非常有礼貌地询问其中的内容。虽然他的英文水平很高，但很难理解 "Nuts" 在英语俚语中的隐含意义。哈珀看出了他的困惑，向他解释道："这个词汇在日常英语中的含义是'见鬼去吧。'"然后，他打发走了几个仍然非常困惑的德军，让他们返回到德军阵地上。

最后通牒是在曼陀菲尔不知道的情况下发出的。他在获悉此事后非常恼火，警告这次通牒事件的策划者——第 47 军军长吕特维茨将军：他们根本没有足够的火力来制造出最后通牒中所发出的威胁，如果美军了解了这一真相，将使德军陷入更加危险的境地。如今，唯一的办法只能依靠空军对巴斯托尼进行轰炸。他在当晚就向上级发出了请求。

No.3　圣诞攻势

第 3 集团军向巴斯托尼驰援时，艾森豪威尔给他们下了一道最为简短的命令："快！"12 月 22 日晨 6 时，第 3 集团军所属的第 3 军准时发起了进攻。12 月 23 日晨，美国第 8 航空队的战斗机重新遮蔽了西欧的天空。猛烈的轰炸迫使德军装甲部队无法在白天活动，C－47 运输机投下了数百个降落伞，奋战多日的守军终于得到了他们梦寐以求的机枪子弹、医药用品……甚至还有从天而降的圣诞礼物。

12 月 23 日，天气终于放晴了。盟军的 7 个战斗轰炸机群、11 个中型轰炸机群、第 8 航空队的一个师以及皇家空军的运输机飞抵巴斯托尼上空。机群猛烈地轰炸了德军的目标，运输机投下各种补给物资。轰炸给德军造成了巨大的损失和心理压力，迫使德军放弃了 24 日进攻巴斯托尼的计划。

巴顿指挥的第 4 装甲师在空军的掩护下，于 24 日强行突破马特朗格浮桥，占领了沃纳克村进而沿公路向阿尔隆发起突击。第 5 师将德军赶过了绍尔河，为进攻巴斯托尼做好了准备。紧接着，巴顿命令加菲将军的第 4 装甲师"拼命狂奔"，前去解救陷入德军重围的巴斯托尼。12 月 25 日，德军第 2 装甲师与美第 1 集团军之第 7 军第 2 装甲师爆发激战，到该天结束，德军第 2 装甲师阵亡 2,500 人，1,050 人被俘，损失 81 辆坦克（原有 88 辆）。是役美军第 2 装甲师获得了"活动地狱"的称号。12 月 26 日凌晨，加菲的第 4 装甲师的第 2 战斗群杀开一条血路，突破了德军对巴斯托尼的包围，与美军空降兵第 101 师的部队会合。次日，大部队沿打通的道路驶入城内，加强了该城的防御力量。

101 空降师的士兵们顶着德军的炮火，趴在积雪的散兵坑里坚守阵地。12 月 26 日 16 时 30 分，第 4 装甲师第 37 坦克营 C 连连长查尔斯·博格斯中尉驾驶的 M－4 坦克第一个冲进了巴斯托尼。在他的后面，美军的装甲部队如钢铁洪流涌入101空降师的阵地。身体疲惫却精神饱满的101空降师师长麦考利夫准将连连称赞巴顿麾下"铁轮地狱"的速度和力量。在第9装甲师和第80步兵师的增援下，第4装甲师打通了阿尔隆通向巴斯托尼的公路。29日，美军彻底击溃了围攻巴斯托尼的德军，准备集中兵力攻向德军的前进基地——赫法利策。

1945年就要到来了，巴顿给德军精心准备了一份"礼物"。他命令：第3集团军所属的所有炮兵在12月31日午夜12点整，用最猛烈的火力集中向德军阵地齐射20分钟。在炮火的轰鸣和德军的哀号中巴顿以其特有的方式迎接新的一年。

巴顿有一个习惯，就是在每次重大战斗后记下敌我双方的伤亡和损失数字，这次也不例外，他在日记中记载着美第3集团军至截止12月22日的伤亡情况：

第3集团军		敌军	
阵亡	10432人	打死	66800人
受伤	50824人	打伤	186200人

▼ 巴斯托尼战斗中被美军摧毁的德军装备。

失踪	10826 人	俘虏	140200 人
共计	72082 人	共计	393200 人
非战斗伤亡	50241 人		
总计	122323 人		

敌我物资损失:

第 3 集团军		敌军	
轻型坦克	198 辆	中型坦克	946 辆
中型坦克	507 辆	虎式或豹式坦克	485 辆
火炮	116 门	火炮	2216 门

面对美军在战斗中的英勇表现，英国首相丘吉尔不禁称赞道:"毫无疑问，这是美国人在战争中最伟大的一役。"

圣诞节当天，德军发起了强大的进攻，终于敲开了巴斯托尼西部的美军防线。顺着这个口子，德军步兵长驱直入，一直杀到距市中心 3 公里处。就在巴斯托尼告急之时，巴顿命令

坦克甩开步兵，从德军防线的一个缺口中插了进去。此时的德军既要阻止第3军，又要保持住攻城的势头，最终落得两头空。

圣诞节后的第二天，美军的坦克终于开进了巴斯托尼，与守军会合。随后，美国步兵也陆续赶到。圣诞攻势进展得如此顺利，美军后勤部门立了大功，巴顿后来的回忆录中写道："我们的军需部队真是立下大功了。它让我们的每个士兵在圣诞节这天都吃上了火鸡。前线的人吃的是火鸡夹心面包，后方的人则是热气腾腾的火鸡。据我所知，除了美军之外，世界上其他任何部队都办不到这点。士兵们一个个都出乎意料地振奋。"

美军极力主张进攻德军的突出部，但蒙哥马利对此表示异议，他担心德军可能会垂死挣扎，因此进攻突出部的目标难以顺利实现。最后，在圣诞节次日，他向艾森豪威尔表示，他已经开始考虑向德军发起进攻。两人同意在12月28日协商此事。艾森豪威尔发现，蒙哥马利的态度非常勉强，反复强调德军仍有足够的力量向盟军发起一次进攻。这与来自布莱切利公园的情报不相符合，根据密码电文得知，德军的油料已经所剩无几，装甲部队几乎全军覆没。艾森豪威尔提醒蒙哥马利，他的估计也许过于谨慎了。但这位英国陆军元帅向最高司令官保证，如果德军没有采取任何行动，他将在1945年1月3日发起进攻。

这样一来，问题似乎已经得到了解决。但在艾森豪威尔离开之前，蒙哥马利乘机提出了他的地面部队总司令的任命问题。他胸有成竹地认为，艾森豪威尔会同意此事，随后写了一封信，陈述了具体细节问题。此时，矛盾出现了，蒙哥马利在信中慷慨陈词，对最高司令官指手画脚，批评艾森豪威尔从开始至今的所有政策，力陈了由自己担任地面部队总司令的种种理由。他认为，他所做的一切都是在帮助艾森豪威尔。但是，没有人会对他这一解释表示认同。蒙哥马利的信件内容写得太多了。

艾森豪威尔也写了一封信，告诉联合参谋部，他已经对整个事件"感到厌烦"！准备将这一问题交给他来处理。在此情况下，一切已经不言而喻：蒙哥马利和艾森豪威尔已经势不两立，他们之中必须有一个离开。考虑到艾森豪威尔的作用，联合参谋部别无选择，只能做出解除蒙哥马利职务的决定。

蒙哥马利的参谋长甘冈少将从艾森豪威尔参谋部的朋友们那里得知了这个即将来临的灾难。他告诉他的朋友们，自己将设法缓解由于这位陆军元帅的极度自信所引起的紧张局势。对他来说，这已经不是第一次了。随后，甘冈立即前往艾森豪威尔的司令部协商此事，他强调指出，蒙哥马利可能尚未意识到这封信给他带来的不幸。他请求艾森豪威尔在24小时后再将他的最后通牒发给联合参谋部，容自己再与蒙哥马利谈一谈。艾森豪威尔答应了他的请求。

甘冈回到蒙哥马利的司令部时，这位陆军元帅正在喝下午茶。蒙哥马利喝完后，上楼走回自己的办公室，甘冈随后跟了进来。他直奔主题，告诉蒙哥马利他的信已经引起轩然大波，可能将直接导致被解职的命运。甘冈后来回忆道，蒙哥马利当时非常吃惊，第一次，也是唯一的一次，他对自己的行为如此怅然若失。甘冈已经为他准备了一封信，让他发给艾森豪威尔。信中充满了让两人都能接受的诚挚的歉意言词，并且为自己的行为进行了解释：蒙哥马利之所以如此坦率地向最高司令提出各种意见，是因为他认为这正是艾森豪威尔所需要的；实际上，他是绝对服从并支持最高司令官的；如果他的信给最高司令带来了任何烦恼（确实带来了许多烦恼），请他把信撕碎并将它永远忘记吧……这封信取得了预期的效果。艾森豪威尔平息了自己的愤怒，将他准备交给联合参谋部的信连同蒙哥马利的信一起扔进了废纸篓。这是盟军最高司令部内部在希特勒进攻期间发生的一起最严重的分裂事件。

No.4　第3集团军参谋部的备忘录

围绕这次严重分歧，巴顿和布莱德雷进行了一次长谈。布莱德雷在谈话中对巴顿说"蒙哥马利声称第1集团军3个月内无法发动进攻，能发动进攻的只有我，而我的力量也太弱了。因此，我们必须后撤到萨尔－孚日防线，甚至退到摩泽尔以便得到足够数量的师，从而使我们继续进攻。"两名将领都认为蒙哥马利的这个主意令人厌恶，而且将产生重大的政治影响，等于判处了阿尔萨斯和洛兰的法国居民的死刑，或使他们处于奴役之下，因为这一行动相当于把他们抛给德国人。巴顿将军就这件事专门征询了第3集团军参谋部的意见，以他们的回答写了下面这封信。

备忘录

（1944 年 12 月 26 日）

呈集团军司令：

1. 我们深信，第3集团军应继续进攻，继续打击敌人，毫不拖延地消灭敌人。我们的建议是根据下述几点做出的：

a. 已知的西线德军的打击力量全部都集结在一个预定的地域之内。

b. 根据我们目前的估计，敌人在其他地方的进攻都是目标有限的进攻，除非从其他前线调来装甲部队，否则敌人将缺乏装甲部队具有的那种突击力和速度。

c. 目前第3集团军有7个强大的步兵师和3个装甲师。这些部队有108个炮兵营的支援。此外，还可能得到4个师（第94、第87、第17空降师以及第11装甲师）。以后还可能得到

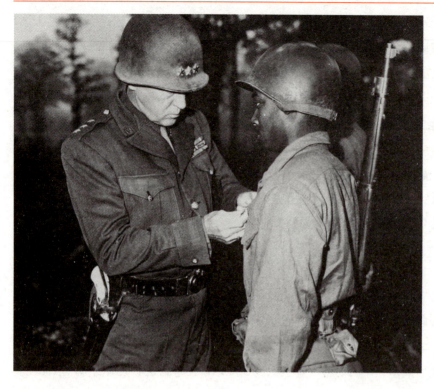

◀ 巴顿给士兵颁授奖章。

第28步兵师和第9装甲师的加强；第101空降师休整后也可以重新参加战斗。第3集团军的补给设施目前都处于极有利的位置，足以支援继续进攻。我们在这些设施中的储备情况日益好转。我们这个地区的铁路网非常发达，一直在积极地支援进攻，如果战区后勤区能不断地将给养运到我集团军所属范围，我们就能继续进攻。目前，我们的通讯系统健全，布置得当，运转良好。

d. 看来盟军部队可以将其北翼推进到默兹河。利用这条河做屏障，加上上述各部队，第3集团军就能封锁德国凸出部的南翼。我们在此建议，将第3集团军作战区域内目前防守默兹河的部队调到塞木瓦河，并在那里建立起一条牵制性战线。

e. 第3集团军的连续进攻对敌人在凸出部内的交通和通信不断形成威胁，如果我们普遍撤退，势必使敌人能重新集结力量，从而使其重新获得主动权。时间是敌人当前企图夺取的战略目标。

f. 我们的空军将获得一个明确的作战区域，其主要作战行动将集中于上述有限地区。我们的空军部队已部署到能够支援目前进攻的机场。飞行员和飞机数量比以往和这次作战以来任何时候都多。

g. 必须考虑到士气（包括士兵和公众）。虽然他们的士气不会降低，但如果我们主动撤退，士气必将受到极大影响。美国士兵用他们的生命和英勇作战才夺取了我们控制的这些地域，主动放弃它们无论从心理上还是军事观点上看都将是一次灾难。第3集团军只知道进攻，并且只懂得进攻，他们不知道，也不懂得什么后撤或什么普遍的撤退。

2. 大家一致认为，我们可以守住萨尔的阵地。如果将边翼战线从莱茵河后撤退到萨尔－孚日山区一线，充其量只能得到两个美军师。这两个师本来可以用来对位于第20军作战区内被德军占领的萨尔至摩泽尔河之间三角地带发动进攻。仅这一点本身便将使敌人不得不予以考虑。放弃孚日山区，无论从补给还是空中作战和战略观点看，都不会对敌人起到什么作用，而撤至摩泽尔无论从哪方面看都没有任何好处。

结论：

a. 美军第1集团军和第3集团军两翼之间沿默兹河的主防线应推进到默兹河。

b. 应继续美军第3集团军已经开始的攻势。

集团军参谋部副参谋长：保罗·D·哈金斯上校

集团军参谋部作战处长：H·G·马多克斯准将

集团军参谋部情报处长：奥斯卡·W·科克上校

No.5 第一号命令

在这次战役中，第3集团军比美国历史上——或许比在世界历史上的任何一个集团军都前进得更远、更快，并在更短的时间内与更多的敌人交战。这一成就的取得完全靠得是美军军官、美军士兵和美国装备的出类拔萃。没有哪个国家能敌得过这么一支军队。

截至1月29日，巴顿记下的敌我伤亡情况是：

第3集团军		敌军	
阵亡	14879人	打死	96500人
受伤	71009人	打伤	269000人
失踪	14054人	俘虏	163000人
共计	99942人	共计	582500人
非战斗伤亡	73011人		
总计	172953人		

敌我物资损失：

第 3 集团军		敌军	
轻型坦克	270 辆	中型坦克	1268 辆
中型坦克	771 辆	虎式或豹式坦克	711 辆
火炮	144 门	火炮	2526 门

12 月 30 日，巴顿驱车穿过走廊向巴斯托尼开去，紧挨着德军走过，幸好他们并没有开枪。

进城之后，巴顿授予麦考利夫将军十字军功章，他在这场战斗中指挥第 101 师，同时授予 S·A·查普斯中校十字军功章，他当时指挥第 502 空降步兵团。然后他们乘车四处巡视，以便让士兵们能看到他，士兵们一个个欢呼雀跃。

31 日，德军对盟军进行了 17 次反击，但都被盟军击退。而盟军也未能占领很多地盘，只有第 6 装甲师在通向圣维特的公路进行突袭，向前推进了 4 公里。

1945 年 1 月 1 日，巴顿发表了著名的第一号命令。

第一号命令

致第 3 集团军全体官兵及我们的第 19 战术空军司令部的战友们：

从浴血奋战的阿弗朗什廊到布雷斯特，从横扫法兰西到萨尔，从越过萨尔河进入德国境内，以及现在向巴斯托尼的进攻，你们从胜利走向胜利。你们不仅以不屈不挠的精神克服险恶的地形、恶劣的气候等难以克服的困难，而且战胜了残酷无情的敌人。无论是炎热还是尘沙，无论是洪水还是大雪，都未能迟滞你们前进的步伐。你们前进的速度和光辉战绩在军事史上无与伦比。

最近，我荣幸地从第 12 集团军群司令奥马尔·N·布莱德雷中将手中接受我的第二枚橡树军功章。我之所以受到此殊誉，不是因为我取得了什么战绩，而是因为你们取得的伟大胜利。我从心底里感谢你们。

我的新年祝愿及我对你们的最大期望是，在万能的上帝的庇护下，在我们的总统和最高统帅部的指挥下，继续你们的胜利历程，结束暴政和消灭罪恶，为我们死难的战友报仇，使饱受战争之苦的世界重新得到和平。

在本命令结束时，我找不到更合适的话，谨以斯科特将军在查普尔特佩克说的那句不朽的名言来表达我对你们的感情。他说："勇敢的士兵们，身经百战的士兵们，你们经受了血与

▲ 在巴斯托尼与德军作战的美军。

火的洗礼，百炼成钢。"

第 3 集团军司令乔治·巴顿中将

1945 年 1 月 1 日

No.6　再战

1945 年 1 月 3 日，恼羞成怒的希特勒集中了 9 个师继续猛攻巴斯托尼，这是阿登反攻中最激烈的战斗。但此时的巴斯托尼已得到了巴顿将军的增援，德军的进攻毫无进展。不仅如此，此时的德军陷入了一个狭长的走廊地带，若不及时撤退必将遭到盟军的围歼。

根据曼陀菲尔的要求，德国空军在圣诞夜空袭了巴斯托尼，给美军造成重大损失。这更加坚定了美军彻底消灭德军的决心。12 月 25 日凌晨 3 时，德军向美军阵地发动了全面进攻，突破了香巴村庄附近的两处防御阵地。德军部队长驱直入，途中遇到美军第 705 反坦克炮兵营的 4 辆坦克歼击车，其中 2 辆被德军击毁，但另外 2 辆摧毁了 3 辆德军坦克。与此同时，在这一战绩的鼓舞下，美军空降部队又使用火箭筒击中另一辆德军坦克。紧接着，一个火箭筒小队又击中了第 5 辆坦克。当第 6 辆坦克向村庄前进时，也被火箭炮击中。第 7 辆坦克的乘员在海姆鲁尔被迫放弃坦克，向美军投降。德军在圣诞节当日的进攻以失败而告终。

在曼陀菲尔的压力之下，第 26 党卫师师长被迫同意在圣诞节后次日发起另外一次进攻。他认为，美军增援部队很快就会到来，形势对德军非常不利。果然不出所料，就在那天下午，盟军第 4 装甲师经过 4 天的长途跋涉，穿越了德军的层层防线，到达巴斯托尼附近。它的先头部队是第 37 坦克营和第 53 装甲步兵营。12 月 26 日下午 3 时许，他们已经到达克劳希蒙附近一个交叉口。在获悉了锡布莱特可能被德军占领的消息后，他们将挥师西进，前往锡布莱特。

在公路交叉口，上述两支部队的指挥官克赖顿·艾布拉姆斯中校和乔治·雅克中校命令部队停止前进，并在此磋商下一步的行动计划。两人都对穿越锡布莱特后的前景充满疑虑。当艾布拉姆斯看见一架 C－47 正在低空飞往巴斯托尼，立即意识到与穿越锡布莱特相比，解救巴斯托尼更为重要，于是建议暂时放弃锡布莱特，前往巴斯托尼。雅克对此表示同意，他们立即出发，但没有告诉 R 装甲作战群（他们隶属于 R 装甲作战群）指挥官温德尔·布兰查德上校，他们已经稍微改变了计划。艾布拉姆斯的部队在前面带路，在夕阳残照的黄昏，6 辆"谢尔曼"坦克在查尔斯·P·博格斯中尉的指挥下向着阿森奥斯开进。博格斯和他的坦克编队（包括搭载步兵的半履带式车辆）势不可挡，迅速穿过了阿森奥斯，但后续部队却遇到了德军的反抗，双方展开一场激战。此时，博格斯和他的坦克已经离开了阿森奥斯，开始沿着公路穿越城镇外围的一片森林。在当时，前面 3 辆坦克飞快地穿过森林，德军根本来不及在公路上布雷。

当博格斯的第二批坦克穿越森林时，坐在坦克上的艾布拉姆斯的作战科长——威廉·德怀特上尉命令坦克开下公路，用机枪扫射森林里的德军。美军步兵纷纷跳下车辆，迅速清除路上的地雷，而后跳上车，追赶先头部队。当博格斯的坦克编队驶出森林时，他看见前方 100 米处有一个德军碉堡，一支美军部队正准备对其发起进攻。博格斯命令炮手立即向碉堡开炮，很快将其摧毁。然后，他打开炮塔舱门向着远处的美军挥手，得知对方来自第 326 空降工兵营，德军对巴斯托尼的包围被完全打破。

No.7　最后阶段

巴斯托尼的解围成为德军希望破灭的转折点。当然，希特勒并不这样认为：他同意暂缓对于默兹河东部的进攻，但决不放弃占领安特卫普的目标。

希特勒的决定源于他的盲目乐观。德军部队已经竭尽全力了，但仍然没能像希特勒希望的那样，给盟军造成致命性打击。相反，美英军队在整个战场上给德军造成严重的人员伤亡。在圣诞节前，德军装甲部队就已损失惨重。盟军获得了绝对的空中优势，使得德军在白天面临严重的威胁。

12 月 25 至 28 日，在塞勒地区的战斗中，德军第 2、第 9 装甲师和装甲教导师遭到英国皇家空军"飓风"战斗轰炸机的攻击，损失惨重。在 3 天的战斗中，德军损失 82 辆坦克、441 辆战车和火炮，另有 3,000 人在战斗中或阵亡或负伤或被俘。

圣诞节过后，盟军更加自信，最艰苦的时刻结束了。但是，希特勒仍对安特卫普充满了幻想，命令他的指挥官们实施"北风行动"，向萨尔河的盟军发动一次进攻。"北风行动"旨在迫使巴顿转移兵力应对进攻，以缓解阿登南翼德军面临的压力。希特勒命令，一旦该目标实现，进攻仍将按照原计划进行。突出部战役已使盟军指挥官内部产生了隔阂，但这不是由于德军的进攻而引发的，而是在如何结束德军进攻问题上产生分歧引起的。如果希特勒了解了这一情况，他很可能会坚持认为他的计划确实取得了成功。

1944年12月31日，"北风行动"开始，而就在此时，1945年的新年钟声即将敲响。当艾森豪威尔听到德军发动进攻的消息时，立即命令德弗斯将军的法军部队放弃斯特拉斯堡，但他在指挥问题上又非常意外地遇到了另一次危机。法国部队对他的命令无动于衷，发誓无论最高司令官怎么看待这件事，他们都要留在那里保卫自己的神圣领土。这种情况引起戴高乐将军的参谋机构与艾森豪威尔的参谋长沃尔特·比德尔·史密斯上将之间的一场争论。

在1月3日的一次会议上，这一问题得到解决。会议气氛十分紧张，艾森豪威尔在会上发出威胁，如果法军不配合，他将停止对其一切供应。另外，他还指出，德军的进攻不会带来严重威胁，因为他们的进攻已在新年当天就被美国第7集团军遏制住了。同时，艾森豪威尔还告诉戴高乐，他将对边境地区的部队进行调整，确保斯特拉斯堡安然无恙。在得到这一承诺后，法军放心地离开了斯特拉斯堡。德军垂死挣扎的意图已经渐趋明显：1月1日，德国空军派出1,000多架飞机发起"地平线行动"，向盟军的空军基地发起了一次全面袭击。虽然大量盟军飞机在空袭中被炸毁，但德军也损失了300多架飞机和许多飞行员，盟军在几天之内更换了被炸毁的每一架飞机。但德国空军却永远无法得到恢复，这是希特勒在阿登战役中又一个无法弥补的损失。

"北风行动"在寒冬中一直持续到1945年1月8日。虽然德军向斯特拉斯堡推进了16公里，但只能到此为止。25,000多名德军在进攻中丧生，但仍然未能撼动美军在阿登地区的优势。

1月6日，丘吉尔首相再次打电话给斯大林，希望苏军发动大规模进攻进行配合。

1月12日，等待已久的苏军冬季战役开始了。

由苏军科涅夫元帅指挥的乌克兰第1方面军冲出了它驻扎在维斯拉河上的战线，向其对面的德军坦克第4集团军以及德军第7集团军的主力发动了进攻。

在此后的几天里，在乌克兰第1方面军的右翼，由朱可夫元帅指挥的白俄罗斯第1方面军以及乌克兰第4方面军的一部兵力，也向其对面的德军A集团军群的主力发动了强大的进攻。

这一方向的苏军在6天内迅速摧毁了德军在维斯拉河的防御。德军A集团军群的战役预备队很快地被苏军击溃，苏军向西推进了100至130公里。尔后的几天里，在苏军强大的攻势压力下，德军不得不向西后退100多公里。

苏军的攻势比德军最高统帅部预想的规模还要大。为了阻止苏军的攻势，德军统帅部仓促从预备队、从苏德战场其他地段、从西欧战场抽调大批兵力投入这一方向的作战。

1月14日，希特勒不得不发布一项命令，把正在阿登地区作战的第6装甲集团军连同其4个党卫军装甲师和2个元首旅调往东部战线。同时，党卫军司令希姆莱也被从上莱茵集团军群调往东线的魏克塞尔集团军群。

在阿登地区作战兵力骤减的情况下，希特勒不情愿地同意了伦德施泰特的建议，把阿登凸出部的所有部队撤回到豪法里兹东北10公里的切雷因一线，以便对其部队进行重新编组，并准备对付预计盟军对德国境内鲁尔地区的进攻。

至此，德军由于无间隔地长期作战而筋疲力尽了。

想当初，当德军开始在阿登地区发动进攻时，德军士兵曾寄予很高的期望，而此刻，每一个士兵的脸上都可以看到失望的表情，整个前线的德军完全被极其沮丧的情绪所笼罩。

在苏联红军的配合下，西线盟军愈打愈勇，南北两路大军也愈来愈近了。蒙哥马利高兴地致信布莱德雷：

亲爱的布莱德雷：

阿登战役已近尾声，待此战取胜，万事理顺，你的两个集团军将立即归还。在此，有两点需着重提及：一、我能有机会指挥你的如此精锐之师，真乃三生有幸。二、你的部下表现十分出色。霍奇斯和辛普森是两位杰出的将领，我能与他们并肩战斗是最大的乐事。第1集团军的柯林斯和李奇微是两位杰出的军长。第1集团军可谓人才济济，这么多卓越的军长荟萃于一个集团军里，实属罕见。

战斗在北线的全体官兵向南线的战友致以最崇高的敬意，因为没有南线的战友坚守巴斯托尼，整个战局将不堪设想。

谨向你和乔治·巴顿致以亲切的问候和崇高的敬意！

顺致最良好的祝愿

伯纳德·蒙哥马利

胜利前夕，蒙哥马利不再嘲笑美国人了，他对美国盟友表现出真诚的敬意与钦佩。

1月16日，盟军南北两路大军在豪法里兹会师，拦腰斩断了凸出部的德军。

1月4日，天空终于放晴，久违的阳光透过几缕薄云照射着雪白的原野和森林，旷野中，到处是倒毙的美军和德军遗体和被击毁抛弃的车辆和坦克。突然，两架P－51野马战斗攻击机一声呼啸掠过战场，德军此时意识到，盟军的空中优势又恢复了，而安特卫普他们却再也无力够得着了，赶来的美军第3集团军已经压迫断了油料的德军装甲部队后撤了80多公里。轮子跑得快，没有轮子的就惨了——德军步兵被远远甩在后面，沿途之上被赶来的美军——歼灭。大量的德军坦克车辆和技术兵器因为缺少油料被放弃，并爆破在路边，大火熊熊燃烧。

1月16日，恰好发动阿登反攻一个月时，德军又回到了他们一个月前出发的阵地上，而那个在德军的攻击潮流中的小城巴斯托尼仍旧巍然屹立。

1945年1月8日，希特勒第一次承认自己的计划已经彻底失败，同意将一些部队从突出部撤出。

1月12日，希特勒命令党卫军率先撤退。按照原定计划，党卫军将在突出部前沿抵御美军的进攻，但却作为第6装甲集团军首批撤退部队从前线退了下来。就在希特勒做出这些决策的同时，美军在缺乏英军支援的情况下，继续向德军施加压力。

1月22日，经过连续几天的恶劣天气后，天空开始放晴，盟军飞行员发现公路上挤满了正在撤退的德军车辆，毫不留情地将炸弹投向它们。

1945年1月28日，最后一支德军部队被消灭。

阿登反击战结束。

▼ 在阿登战役中阵亡德军士兵的墓碑。

图书在版编目（CIP）数据

血战阿登 / 二战经典战役编委会编译 . — 北京：
中国铁道出版社，2016.6（2022.1 重印）
（时刻关注）
ISBN 978-7-113-21701-3

Ⅰ.①血… Ⅱ.①二… Ⅲ.①第二次世界大战战役
—通俗读物 Ⅳ.① E195.2-49

中国版本图书馆 CIP 数据核字（2016）第 079825 号

书　　名：血战阿登

作　　者：二战经典战役编委会

责任编辑：殷　睿　　　　　　电　　话：（010）51873005

装帧设计：艺海晴空

责任印制：赵星辰

出版发行：中国铁道出版社有限公司（北京市西城区右安门西街 8 号　邮编 100054）

印　　刷：永清县晔盛亚胶印有限公司

版　　次：2016 年 6 月第 1 版　　　　2022 年 1 月第 2 次印刷

开　　本：787mm×1092mm　　1/16　印张：12　字数：300 千字

书　　号：ISBN 978-7-113-21701-3

定　　价：39.80 元